公正　科学　可靠　敢言　多谋　慎断

中咨研究系列丛书

开启“十四五”时期高质量发展新局面的中咨思考

主　编◎苟护生
副主编◎窦　皓　田　煜

人民东方出版传媒
People's Oriental Publishing & Media
東方出版社
The Oriental Press

图书在版编目（CIP）数据

开启“十四五”时期高质量发展新局面的中咨思考 / 苟护生主编．—北京：东方出版社，2022.4
ISBN 978-7-5207-2735-8

Ⅰ．①开… Ⅱ．①苟… Ⅲ．①中国经济—经济发展—研究—2021-2025 Ⅳ．①F124

中国版本图书馆 CIP 数据核字（2022）第 051950 号

开启“十四五”时期高质量发展新局面的中咨思考
（KAIQI SHISIWU SHIQI GAO ZHILIANG FAZHAN XIN JUMIAN DE ZHONGZI SIKAO）

主　　编：苟护生
副 主 编：窦　皓　田　煜
策划编辑：姚　恋
责任编辑：黄彩霞
出　　版：東方出版社
发　　行：人民东方出版传媒有限公司
地　　址：北京市西城区北三环中路 6 号
邮政编码：100120
印　　刷：北京文昌阁彩色印刷有限责任公司
版　　次：2022 年 4 月第 1 版
印　　次：2022 年 4 月北京第 1 次印刷
开　　本：710 毫米 ×1000 毫米　1/16
印　　张：15.25
字　　数：196 千字
书　　号：ISBN 978-7-5207-2735-8
定　　价：78.00 元
发行电话：（010）85924663　85924644　85924641

前　言

中国国际工程咨询有限公司（以下简称中咨公司）是国务院国资委管理的中央企业，是国内规模最大的综合性工程咨询机构之一，是中央政府投资建设项目科学决策的重要咨询服务单位。多年来，中咨公司配合国家有关部委、地方政府编制了“十一五”“十二五”“十三五”时期的经济社会发展规划和有关专项规划。

2020年是“十四五”规划编制之年，中咨公司充分发挥智库作用，结合国家有关部委的研究委托任务，围绕“十四五”经济社会发展进行了一系列研究。研究成果在《中国投资》杂志以《“十四五”前瞻》专栏等形式陆续予以发表，发表后取得较好的社会反响。为了更好地服务国家和地方经济社会发展，中咨公司选取了部分有代表性和创新意义的研究成果，汇编成册，供决策参考。本书包含建设现代化基础设施、促进协调发展、加快发展现代产业、推动绿色发展、推动共建“一带一路”高质量发展、国资国企改革等6个部分内容，从不同方面和视角提出了“十四五”时期我国经济社会多个领域发展的政策建议。

建设现代化基础设施部分重点对新发展格局下的交通运输、生活污水垃圾处理设施等进行了研究分析，提出了坚持系统观念推动基础设施更高质量发展。交通运输发展方面，通过总结“十三五”我国交通运输取得的发展成效，分析存在的问题，并提出“十四五”交通运输高质量发展的重点任务，及推动交通运输高质量发展的政策建议。生活污水垃圾处理设施方面，依据"十四五"生态文明建设的新标准和新要求，分别提出城镇生活污水处理、城镇生活垃圾处理领域的思考和建议。

促进协调发展部分重点对"十四五"农业农村、特殊类型地区高质量发展进行了研究。农业农村方面，通过总结"十三五"我国农业农村发展取得的成就，分析新发展阶段面临的问题，提出了"十四五"农业农村的发展策略。推动特殊类型地区高质量发展方面，分析了区域协调发展的战略核心及各类型区域发展的优化策略，分别解读了国务院关于支持新时代革命老区振兴发展、特殊类型地区振兴发展、革命老区高质量发展、革命老区省际交界区域协同合作发展等政策文件，提出了新时代革命老区高质量发展的建议。

加快发展现代产业部分重点对"十四五"能源产业、数字经济、战略性新兴产业发展进行了深度研究。应对"十四五"及中长期能源治理挑战方面，通过总结"十三五"能源发展成效，分析能源发展不平衡不充分问题，提出了推动"十四五"及中长期能源转型的策略。推动能源产业发展方面，分别对"十四五"石化全产业链集群发展、油气产供储销体系建设、有色金属工业发展、数字经济、战略性新兴产业发展进行了研究，提出了加快现代产业高质量发展的政策建议。

推动绿色发展部分重点对"十四五"生态文明建设、国家公园建设、大宗固废综合利用进行了研究。深化生态文明体制改革方面，系统总结了"十三五"生态文明体制改革总体进展，分析"十四五"生态文明体制改革面临的新形势新任务新方向，提出了新阶段生态文明体制改革的路径建议。国家公园建设方面，综合评价了现阶段国家公园体制试点取得的进展，分析现阶段面临的问题和挑战，提出了"十四五"时期国家公园发展建设的政策建议。大宗固废综合利用方面，通过总结大宗固废综合利用形成的基本格局，分析双碳背景下面临的新形势新要求，提出了“十四五”时期大宗固废综合利用的发展建议。

推动共建“一带一路”高质量发展部分重点对推进高水平“一带一路”国际合作进行了研究分析。总结了“十三五”对外合作取得的成绩，分析了“十四五”时期对外合作提质升级面临的挑战，提出了“十四五”时期加强对外开放合作的政策建议。

国资国企改革部分重点对“十四五”国有资本布局新经济、国有企业改革进行了研究。国有资本布局新经济方面，通过总结国有经济在新经济领域的总体布局情况，分析“十四五”国有资本布局新经济发展趋势，提出了“十四五”时期国有资本在新经济领域布局的策略建议。深化国有企业改革方面，分析了国企改革发展面临的新机遇新挑战新任务新要求，提出了“十四五”时期国企改革支撑构建“双循环”新发展格局的对策建议。

目　录

第一章

建设现代化基础设施

新发展格局下促基础设施高质量发展*

“十三五”时期，我国基础设施建设成效显著，高速铁路营业里程、高速公路通车里程、城市轨道交通运营里程、港口万吨级及以上泊位数、电力装机容量、电网规模、第四代移动通信网络规模等均居世界第一，铁路旅客周转量和货运量、公路客货运输量及周转量、水路货运量及周转量、移动通信用户数、互联网上网人数均居世界第一，上海洋山港四期自动化码头、港珠澳大桥、北京大兴国际机场、京张智能高速铁路、乌东德水电站外送电示范工程等一批重大工程建成投用，高速铁路、特大桥隧、离岸深水港等技术跃居世界先进行列，C919 大型客机、复兴号、北斗三号全球卫星导航系统等大国重器实现重大突破，5G 商用加速推进。总体上看，我国基础设施网络不断完善，服务能力显著增强，技术水平明显提高，有力支撑引领经济社会发展。

党的十九届五中全会明确指出，我国已转向高质量发展阶段，要把新发展理念贯穿发展全过程和各领域，加快构建以国内大循环为主体、国内国际双循环相互促进的新发展格局，推动质量变革、效率变革、动力变革，实现更高质量、更有效率、更加公平、更可持续、更为安全的发展。基础设施是经济社会发展的重要支撑，具有战略性、基础性、先导性作

* 作者苟护生，教授级高级工程师，中国国际工程咨询有限公司党委书记、董事长、总经理。原文刊于《中国投资》2021 年第 5、6 期合刊。

用，必须准确把握新发展阶段、认真贯彻新发展理念、服务构建新发展格局，按照高质量发展的主题推进和落实。

一、以新发展理念为引领推动基础设施高质量发展

新发展理念是管根本、管全局、管长远的理论体系，是一个整体，创新发展、协调发展、绿色发展、开放发展、共享发展必须在推动基础设施高质量发展中予以关注，使之协同发力、形成合力。

（一）坚持创新发展

要把创新摆在基础设施发展的核心地位，明确重点领域和关键环节改革方向，注重技术、管理、体制和模式创新，不断探索推进基础设施高质量发展的理论、制度、技术、业态、模式、产品、服务创新体系，创造良好的支持政策和发展环境，提高基础设施发展活力和竞争力。

（二）坚持协调发展

要充分考虑经济效率、生态安全、就业创造、产业循环、区域联动等因素，综合统筹、联动规划、科学布局，保障基础设施区域化、均等化、层次化、个性化发展，推动区域协调发展、城乡协调发展、物质文明和精神文明协调发展，以及经济建设和国防建设融合发展。

（三）坚持绿色发展

要贯彻习近平生态文明思想，将生态环保理念贯穿到基础设施发展各环节，合理确定基础设施布局、结构和规模，集约节约水、土地、廊道、岸线等资源，减少生态空间占用，提高资源利用效率，推动基础设施发展全面绿色转型，促进人与自然和谐共生。

（四）坚持开放发展

要坚持对外开放的基本国策，推进共建“一带一路”基础设施互联互通，构筑互利互赢的产业链供应链合作体系，促进基础设施政策、规则、制度、技术、标准“引进来”和“走出去”，提升国际话语权和影响力，为实施更大范围、更宽领域、更深层次对外开放提供支撑。

（五）坚持共享发展

要着力践行以人民为中心的发展思想，始终把满足人民对美好生活的新期待作为发展的出发点和落脚点，抓住主要矛盾和矛盾的主要方面，切实解决基础设施领域影响人民群众生产生活的突出问题，使广大人民群众的获得感、幸福感、安全感更加充实、更有保障、更可持续。

二、把握基础设施服务构建新发展格局的着力点

构建新发展格局将坚持扩大内需这个战略基点，加快培育完整内需体系，把实施扩大内需战略同深化供给侧结构性改革有机结合起来，以创新驱动、高质量供给引领和创造新需求，畅通国内大循环，促进国内国际双循环，全面促进消费，拓展投资空间。需要深入理解新发展格局的科学内涵，准确把握基础设施服务构建新发展格局的着力点。

（一）推动国家科技创新进程

加快科技自立自强是畅通国内大循环、塑造我国在国际大循环中主动地位的关键。要求基础设施推进科技创新为核心的全面创新，以重大工程为载体，加强关键共性技术、前沿引领技术、现代工程技术、颠覆性技术突破和转化应用，推广智能技术装备、绿色技术和环保型运载工具，推进

先进技术装备产业化，打造一流设施、一流技术、一流装备。

（二）夯实现代产业发展基础

构建新发展格局关键在于实现经济循环流转和产业关联畅通。要求统筹推进基础设施建设，系统布局新型基础设施，加快建设交通强国，推进能源革命，加强水利基础设施建设，构建系统完备、高效实用、智能绿色、安全可靠的现代化基础设施体系，推进产业基础高级化、产业链现代化，提高经济质量和核心竞争力。

（三）推动区域协调发展

构建新发展格局要坚持实施区域重大战略、完善新型城镇化战略，发挥城市群带动作用，建设现代化都市圈，形成一批新增长极；全面实施乡村振兴战略，推动城乡要素平等交换、双向流动，增强农业农村发展活力；坚持实施区域协调发展战略，促进发达地区和欠发达地区、东中西部和东北地区共同发展。要求基础设施强化战略支撑保障作用，加快构建城市群和都市圈基础设施体系，推动城乡基础设施一体化发展，畅通城乡区域经济循环。

（四）稳定和拓展投资空间

构建新发展格局要优化投资结构，保持投资合理增长。要求聚焦“两新一重”和短板弱项，扩大有效投资，加快 5G、工业互联网、大数据中心建设，实施川藏铁路、西部陆海新通道、国家水网、雅鲁藏布江下游水电开发等重大工程，推进重大引调水、送电输气、沿边沿江沿海交通等一批强基础、增功能、利长远的重大项目建设，加强项目储备，创新融资渠道，激发民间投资活力。

（五）促进消费扩容提质

构建新发展格局要增强消费对经济发展的基础性作用。要求完善促进消费扩容提质的基础设施服务体系，加强基础设施地上、地下及周边地区综合开发，引入商贸、餐饮、购物、酒店等关联性消费产业，扩大高品质、多样化的服务供给；适应消费新业态发展趋势，提升传统基础设施智能化水平，鼓励发展邮轮经济、低空旅游、无人配送等，激发新业态新模式发展活力。

（六）推进更高水平对外开放

构建新发展格局要充分利用国内国际两个市场两种资源，促进国内国际双循环。要求加强“一带一路”基础设施互联互通，推动建设国际交通运输网、能源战略大通道和信息互联网，加快建设国际物流供应链体系，促进内需和外需、进口和出口、引进外资和对外投资协调发展。

三、坚持系统观念推动基础设施更高质量发展

当前，我国正处在承前启后、继往开来的关键期，必须把坚持系统观念作为重要思想方法和工作方法，立足当前、放眼长远，加强规划引领，鼓励探索创新，强化要素保障，开展前瞻性思考，推动基础设施更高质量发展。

（一）坚持规划引领与探索创新并举

进一步强化规划引领作用，建立健全推动基础设施高质量发展的规划体系，统筹增量和存量、传统和新型基础设施发展，谋划好基础设施高质量发展总体布局，加强各类规划衔接协调。选择有条件的地区开展基础设施

高质量发展试点，实施一批具有跨领域融合特征、体现智能绿色安全等发展方向的示范工程，先行先试、探索实践。

（二）完善政策支持和保障体系

健全公益性基础设施政策支持体系，坚持资金、要素跟着项目走的原则，细化完善用地、用海、环保、资金等配套政策。深化“放管服”改革，简化审批流程，压缩审批时间。深化电力、油气、铁路等领域改革，推动竞争性业务向市场主体全面公平开放。加强综合性人才培养，推动跨界融合的高端智库建设，提升基础设施发展软实力。强化国家层面推动基础设施高质量发展实施机制，实现不同基础设施协同融合发展。

（三）强化对二〇三五年远景目标的前瞻性思考

党的十九届五中全会提出了到二〇三五年基本实现社会主义现代化远景目标。必须深刻领会党中央制定二〇三五年远景目标的战略考量，对照创新型国家、现代化经济体系、国家治理体系、文化软实力、美丽中国、对外开放、公共服务、平安中国、共同富裕等目标任务，进一步研究明确基础设施支撑保障国家经济社会发展二〇三五年远景目标的路径举措。

“十四五”交通运输高质量发展前瞻与重点任务*

交通运输是国民经济中基础性、先导性、战略性产业和重要的服务型行业，是建设现代化经济体系的先行领域，是全面建成社会主义现代化强国的重要支撑。“十三五”时期我国交通运输发展成就举世瞩目。“十四五”时期是我国开启全面建设社会主义现代化国家新征程的第一个五年，也是加快建设交通强国的起步期、综合交通运输发展的关键期。立足新发展阶段，强化交通运输“十四五”规划的前瞻性思考、全局性谋划、战略性布局，部署重点任务，对于整体性推进交通强国建设具有重要意义。

一、“十三五”我国交通运输发展成效及存在问题

（一）发展成效

“十三五”时期是交通运输基础设施发展、服务水平提高和转型发展的黄金时期，交通运输在“大”的基础上向“强”迈进了一大步，在“有”的基础上向“好”迈进了一大步，在“基本适应”的基础上向“适度超前”迈

* 作者佘湘耘、苏志欣。佘湘耘，正高级工程师，中国国际工程咨询有限公司交通业务部原主任；苏志欣，正高级工程师，中国国际工程咨询有限公司交通业务部副处长。原文刊于《中国投资》2020年9、10期合刊。

进了一大步。

一是基础设施网络日益完善。“十纵十横”综合运输大通道加快建设，截至2020年底，铁路营业里程14.6万千米，其中高铁营业里程3.8万千米；公路总里程519.81万千米，其中高速公路里程16.1万千米；内河三级及以上航道里程1.44万千米，港口万吨级及以上泊位数2592个；民用航空颁证运输机场241个；城市轨道交通运营里程7354.7千米。高铁营业里程、高速公路里程、城市轨道交通运营里程、万吨级泊位数量均居世界第一。

二是运输服务能力明显提高。我国铁路旅客周转量、货运量居世界第一，货运周转量居世界第二；公路客货运输量及周转量、水路货运量及周转量均居世界第一；民航运输总周转量、旅客周转量、货邮周转量均居世界第二；港口完成货物吞吐量和集装箱吞吐量均居世界第一。中欧班列发挥国际铁路联运独特优势，大力承接海运、空运转移货物，全年开行12406列，共运送货物113.5万标箱，货值达500亿美元。快递实现逆势增长，完成快递业务量833.6亿件，较2015年翻两番，连续7年位居世界第一。

三是交通技术水平大幅跃升。高速、高寒、高原、重载铁路技术达到世界领先水平，离岸深水港建设关键技术、巨型河口航道整治技术、长河段航道系统治理技术以及大型机场工程建设技术世界领先，港珠澳大桥、北京大兴国际机场、上海洋山港四期自动化码头、京张智能高速铁路等重大工程建成投用，川藏铁路雅安至林芝段开工建设，C919大型客机、复兴号、北斗三号全球卫星导航系统等大国重器实现重大突破，中国路、中国桥、中国港、中国高铁成为亮丽的“中国名片”。

四是战略支撑能力持续增强。交通基础设施优化升级、提质改造持续推进，互联互通水平进一步提升，综合交通运输体系加快形成，已成为服务“一带一路”建设、京津冀协同发展、长江经济带发展、粤港澳大湾区发展、长三角一体化发展、海南自由贸易港建设、黄河流域生态保护和高质量发展等一系列重大区域发展战略的先行官，在促进区域经济协调发展、构建全方位对外开放新格局等方面发挥了强有力的支撑作用。

总体上看，“十三五”时期我国已成为名副其实的交通大国，为全面建成社会主义现代化强国，实现第二个百年奋斗目标提供了坚实支撑。

（二）存在的问题

当前，我国交通运输发展成效显著，但与满足人民群众日益增长的美好生活需要相比，仍存在一些问题和不足，主要表现在以下几个方面。

一是结构性矛盾仍比较突出。区域间、城乡间、方式间仍存在发展不协调不平衡问题。西部地区交通发展“不平衡、不充分”的问题依然存在，受资金和环境等因素制约，部分项目建设相对滞后；随着农村公路建设里程不断增加，农村公路养护资金筹资困难问题比较突出；2020 年我国铁路货运总量占全社会货运总量的 9.8%、水路货运占比 16.4%，而公路货运占比 73.8%，铁路、水运在大宗货物中长距离运输中的作用未得到充分发挥；各种交通方式间衔接不充分的问题比较突出，多式联运方式和效率需要进一步提升和优化，2020 年我国主要港口集装箱铁海联运比例仅 2.6%，而国外通常在 20% 左右甚至更高。

二是城市内外部交通问题日益突出。大型交通枢纽换乘不便、城市交通拥堵、停车难等大城市交通运营管理问题比较突出。2019 年，我国 39 座千万级旅客吞吐量的机场中，实现与轨道交通（含铁路、城市轨道交通）衔接的仅 25 个（占 64.1%），高铁车站等客运枢纽与城市公共交通衔接便利程度不够高。随着城市化进程加快，不少中小城市也出现拥堵“城市病”，到2020年底全国民用汽车保有量已达2.8亿辆，有70个城市汽车保有量超过100万辆，31个城市超过200万辆，交通拥堵问题日益加剧，且停车泊位缺口较大，停车难成为城市发展的痛点。大城市以及都市圈内外交通衔接不够顺畅，高速公路与城市道路衔接需进一步优化，不同层次和模式的轨道交通体系尚未构建，部分城市群地区城际铁路建设项目进展缓慢。

三是体制性障碍需要解决。地方铁路建设和社会资本投资铁路建设与国铁接轨难度较大，建设运营仍受到国铁制约，行业垄断性障碍仍需进一步破解；铁路与水运、公路多式联运存在体制问题，在调动指挥、运营管理、技术规范等方面存在诸多矛盾，导致铁路“最后一公里”瓶颈问题突出；空域资源依然是制约民航发展的突出瓶颈，机场建设军民航协调难度大，项目前期工作推进缓慢，难以适应民航快速发展的需求。此外，部分综合交通枢纽项目由于分别归属不同的主体，导致规划上缺少有效衔接，存在跨行业协调难度大、技术标准不统一、建设时序不同步等问题，对资源的统筹优化和综合利用考虑相对不足。这些都需要通过改革来解决。

四是债务风险逐步增大。防范风险仍是当前和今后一个时期的重点任务，截至2020年底，全国地方政府债务余额已达25.66万亿元。2020年，完成交通固定资产投资超过3.4万亿元，主要是公路和铁路，除了中央财政支持，很多都是由地方政府和企业举债建设的。国铁集团负债水平不断攀升，债务和筹资压力巨大；新建城市轨道交通项目大部分采用PPP融资方式建设，地方政府财政风险不断加大；地方公路建设以债务资金为主的融资方式，使得债务总额不断攀升。“十四五”交通基础设施仍将处于快速发展时期，对建设资金的需求巨大，部分地区和领域债务风险逐步增大，需引起重视。

五是投资等新动能不足问题开始显现。目前交通在建项目规模较大，交通建设需求和资金保障能力的矛盾日益突出，政府筹资压力逐步增大，社会资本投资交通领域仍然困难。在全面防范化解风险要求下，进一步拓宽投融资渠道，创新模式发挥投资新动能更加迫切，需要抓紧解决。拓展新领域新业态，注入交通发展新动能任务更加重要。目前交通发展新动能认识还不够，创新发展的动力有待加强，新领域新业态管理、规范、标准还比较欠缺，健康发展有待进一步引导。

二、“十四五”我国交通运输高质量发展面临的机遇与挑战

党的十九大提出，我国经济已由高速增长阶段转向高质量发展阶段，正处在转变发展方式、优化经济结构、转换增长动力的攻关期，建设现代化经济体系是跨越关口的迫切要求和我国发展的战略目标。推动高质量发展是做好当前和今后一个时期经济社会发展工作的根本要求，对交通运输发展既是机遇又是挑战。

（一）发展机遇

一是创新驱动为交通运输发展赋予新动能。人工智能、大数据、量子信息、生物技术等新一轮科技革命和产业革命正在积聚力量，新一代信息技术广泛应用，“互联网＋交通运输”深入实施，将加速对新的交通基础设施、运输装备以及新的运输组织模式、治理模式等产生影响，在前瞻性基础研究、关键核心技术上的突破将为交通运输发展赋予新动能和新优势。

二是区域协调发展为交通运输发展拓展新空间。我国形成了以“一带

一路”建设、京津冀协同发展、长江经济带发展、粤港澳大湾区建设、长三角一体化发展、黄河流域生态保护和高质量发展、成渝地区双城经济圈建设等重大国家战略为引领，以西部、东北、中部、东部四大板块为基础的区域协调发展新格局。国家战略进入落地实施期，四大板块步入协调发展新阶段，新型城镇化建设不断深入，我国经济走出去步伐加快，都将为交通运输发展不断拓展新空间。

三是建设交通强国为交通运输发展注入新动力。《交通强国建设纲要》明确了我国交通发展“构建安全、便捷、高效、绿色、经济的现代化综合交通体系，打造一流设施、一流技术、一流管理、一流服务，建成人民满意、保障有力、世界前列的交通强国”的指导思想和 2035 年基本建成交通强国、本世纪中叶全面建成交通强国的发展目标。围绕交通强国建设的思路和发展目标，着力打造“三张交通网”（发达的快速网、完善的干线网、广泛的基础网）、“两个交通圈”（“全国 123 出行交通圈”、“全球 123 快货物流圈”），为交通运输发展注入新动力。

四是推进生态文明建设为绿色交通发展带来新机遇。把生态文明建设摆在全局工作的突出地位，让良好生态环境成为人民生活的增长点、成为经济社会持续健康发展的支撑点、成为展现我国良好形象的发力点，为打造绿色交通体系指明了方向。随着节能环保技术加快在交通行业的推广应用、打好污染防治攻坚战的深入推进，将促进运输结构优化调整，绿色出行加快发展，船舶和港口污染整治深入开展，新能源车辆加快普及，为绿色交通发展带来新机遇。

（二）面临挑战

一是社会主要矛盾变化的挑战。新时代我国社会主要矛盾发生重大变化，在交通运输领域表现为人民日益增长的美好生活对交通需要和不平衡不充分的交通发展之间的矛盾。这要求推动交通扩大有效供给和高质量供给，不断增强交通基础设施的安全性、耐久性和通行能力，更好地满足新时代人民日益增长的美好生活需要。

二是深化供给侧结构性改革的挑战。交通运输高质量发展，是能够提供更加安全、便捷、高效、绿色、经济的运输服务的发展，是能够较好满足人民日益增长的多层次、多样化交通运输需求的发展。这要求顺应、培育和释放新的需求，深化供给侧结构性改革，从供需两侧协同发力，实现交通运输从“有没有”向“好不好”的转变。

三是资源优化配置的挑战。交通运输业的涵盖面非常广，有以普通公路为代表的公共物品、以收费公路等为代表的准公共物品及以货运为代表的私人物品，应当按不同属性厘清政府和市场的边界，使市场在资源配置中起决定性作用，同时，也要更好发挥政府作用，管好那些市场管不了或管不好的事情。

四是统筹公平与效率的挑战。随着我国社会主要矛盾发生变化，人民群众对公平、正义等的需求就会日益增长，需要把公平摆在更加重要的位置。而随着土地、资金、劳动力、资源环境等要素制约不断趋紧，则需要更多依靠创新不断提升全要素生产率。推动交通运输高质量发展，要统筹处理好公平与效率的关系，努力实现更高质量、更有效率、更加公平、更可持续的发展。

五是质量变革的挑战。当前仍是交通基础设施发展的黄金时期，加大交通基础设施补短板力度仍是当前一项重要工作。随着基础设施网络的不断完善，今后一段时期，提升交通运输通达水平和运行效率作为工作重点推进，真正向高质量发展的方向转轨，真正实现质量变革。

六是新旧动能转换的挑战。进入新时代，交通工作重心将逐步由建设为主向建设与运输并重转移和过渡，高度依赖传统要素投入的交通基础设施建设将逐步触碰到“天花板”，必须寻求新动能，推动传统动能转型升级，加快新旧动能转换，实现“增量崛起”与“存量变革”的协同并举。

三、“十四五”交通运输高质量发展的重点任务

“十四五”时期，在加快建设交通强国、推动交通运输高质量发展的征程中，要始终牢记人民交通为人民的初心和使命，将新发展理念贯穿于交通运输发展的全领域和全过程，推动质量变革、效率变革、动力变革，实现更高质量、更有效率、更加公平、更可持续、更为安全的发展。

（一）强化战略支撑引领作用

完善交通基础设施布局，构建现代化综合交通体系，部署重大工程、重大项目，强化交通对国家战略的支撑引领作用。

一是强化交通基础设施支撑“一带一路”建设，以加快向西开放和建设海洋强国为目标，以丝绸之路经济带六大国际经济合作走廊为主体，推进与周边国家铁路、公路、航道等基础设施互联互通，加快构建联通内外、安全通畅的陆海空国际战略通道网络。

二是推进京津冀、长江经济带、粤港澳大湾区、长三角、海南、黄河流域、成渝地区双城经济圈等重点区域交通运输统筹发展以及东部、中部、西部和东北地区交通运输协调发展，编制相关区域综合交通规划，率先实施重大交通标志性工程，增强对区域协调发展的战略支撑力，发挥交通先导作用。

三是进一步聚焦乡村振兴战略，完善农村交通网络，全面推进“四好农村路”建设，加强特色农产品优势区与旅游资源富集区交通建设，大力推进革命老区、民族地区、边疆地区、贫困地区交通发展，加快构建农村物流网络，促进交通建设与农村地区资源开发、产业发展有机融合，实现以交通便利促进农村发展。

四是按照军民融合要求，统筹推进沿边、沿海铁路和公路、军民合用机场等基础设施建设，提升交通基础设施战备能力。推动川藏铁路、沿江高速铁路等重大项目，使交通基础设施基础性、先导性、战略性、服务性功能得到充分发挥，更好适应社会主义现代化强国建设需要。

（二）推动综合交通统筹融合发展

坚持系统观念，整体性推进、一体化发展，推进各种运输方式融合发展，推进区域交通运输协调发展。

一是提升综合交通枢纽一体化规划水平。推动新建综合客运枢纽各种运输方式集中布局、空间共享、立体或同台换乘，推动既有综合客运枢纽整合交通设施、共享服务功能空间，加快综合货运枢纽多式联运换装设施与集疏运体系建设，建设便捷高效的立体化综合交通枢纽，实现客、货运输畅通高效。

二是构建便捷高效的城际交通网。加强城市群内部重要港口、站场、机场的路网连通性，促进城市群内港口群、机场群统筹资源利用、信息共享、分工协作、互利共赢，统筹城际网络、运力与运输组织，构建城市群内部快速空中交通网络，推进城市群内部交通运输一体化发展。

三是推进都市圈交通运输一体化。建设中心城区连接卫星城、新城的大容量、快速化的轨道交通网络，积极有序推进都市圈市域（郊）铁路建设，推进公交化运营，加强道路交通衔接，打造1小时“门到门”通勤圈。

（三）提升绿色交通水平

贯彻“绿水青山就是金山银山”的理念，落实碳达峰碳中和目标，推进交通运输结构调整，着力解决城市内外部交通不畅问题，进一步提升绿色交通设施水平，加快形成绿色低碳运输方式。

一是按照着力推进交通运输结构调整的要求，发挥铁路、水运在大宗物资及中长距离运输中的骨干作用，持续推动“公转铁、公转水”，扩大铁路集疏运线路和疏港铁路建设投入，推动具备条件的物流园区引入铁路专用线，显著提高重点区域大宗货物铁路水路货运比例、沿海港口集装箱铁路集疏港比例。加快构建铁水、公铁、公水、空陆等多式联运系统，发展甩挂运输、滚装运输、江海直达、水水中转等运输组织方式，提高运输及物流效率。

二是加大解决城市交通拥堵和内外交通衔接不畅问题，进一步强化“公交优先”，尽快调整城市交通出行结构，构建多层次和模式的轨道交通系统，推动干线铁路、城际铁路、城市轨道交通、市域（郊）铁路融合建设，推进城市慢行交通设施建设，加大新能源和清洁能源车辆在城市公交、出租汽车、城市配送、邮政快递、机场、铁路货场、重点港口等领域应用，加强充电、加氢、加气和公交站点等设施建设，提供功能完善的城市公共交通服务。

三是严守生态保护红线，严格落实生态保护和水土保持措施，严格实施生态修复、地质环境治理恢复与土地复垦，将生态环保理念贯穿交通基础设施规划、建设、运营和养护全过程。积极推进绿色铁路、绿色公路、绿色港口、绿色航道、绿色机场建设，加强土地、海域、无居民海岛、岸线、空域等资源节约集约利用，全面提升交通基础设施的绿色发展水平，实现交通与生态环境的和谐发展。

（四）推进智能交通发展

智能交通系统是未来交通系统的发展方向，是交通事业的一场革命，要加强科技创新，大力发展智慧交通。

一是大力实施科技创新引领战略，以交通领域关键共性技术、前沿引领技术、现代工程技术、颠覆性技术创新为突破口，强化前沿关键科技研发，努力实现关键核心技术可控。瞄准新一代信息技术、人工智能、智能制造、新材料、新能源等世界科技前沿，面向国家战略需求、面向交通强国建设要求，加强对可能引发交通产业变革的前瞻性、颠覆性技术研究和科技成果转化。

二是推动人工智能、物联网、云计算、5G 通信、大数据、移动互联网、区块链等新一代信息技术在交通基础设施建设、运行、服务、监管等全链条各环节中的应用，推进基础设施数字化、网络化、智能化建设，加快智慧公路、智慧铁路、智慧航道、智慧港口、智慧民航、智慧邮政、智慧枢纽等智慧交通基础设施重点项目建设，形成与智能载运工具协同发展的交通基础设施，构建数字化的基础设施建设、运行监控、养护维修体系，促进交通运输提质增效。

（五）加强安全应急保障体系建设

牢固树立安全第一理念，提高交通基础设施安全水平，加强安全保障应急体系建设，全面提高交通运输的安全性和可靠性。

一是建立完善交通基础设施全寿命周期安全管理体系，健全交通安全生产法规制度和标准规范，提高基础设施建、管、养安全标准化水平，强化交通基础设施预防性养护维护、安全评估，加强长期性能观测，及时消除安全隐患。推广使用新材料新技术新工艺，提升基础设施质量和耐久性。

二是加快推进城市群、重点地区、重要口岸、主要产业及能源基地、自然灾害多发地区多通道、多方式、多路径建设，提升交通网络系统韧性和安全性。健全粮食、能源等战略物资运输保障能力，提升产业链、供应链安全保障水平。

三是统筹陆域、水域和航空应急救援能力建设，加快建设铁路、公路、水路和民航应急救援体系，完善应急救援基地建设和布局，加强应急救援专业装备、设施、队伍建设，满足重大自然灾害、突发公共卫生事件等的物资、人员运输需求，提高设施快速修复能力和应对突发事件能力。

（六）推动交通发展新动能

在新的形势下，需要把培育新动能、提升改造传统领域、加速新兴领域成长摆在更突出的位置。

一是依据城市总体规划及交通、产业等专项规划，着力推动交通基础设施与邮政快递、旅游、装备制造、现代物流、商贸金融、信息等关联产业深度融合，加强国家物流枢纽建设和布局，推进邮政快件多式联运，引导高铁经济、临港产业、临空经济、邮轮游艇产业、通用航空等发展，培育壮大新领域新业态。

二是鼓励交通基础设施与地上、地下、周边空间综合利用，推动高铁、城际铁路、地铁、枢纽机场等交通站场、停车设施与周边空间的联动开发，融合交通与商业、商务、会展、休闲等功能，促进交通基础设施健康可持续发展。

三是加大新动能发展的基础建设，以跨界视角，开展新业态新模式发展的战略和政策研究，引导新业态新模式发展方向。加强跨领域融合人才培养，激发人才流动活力，营造有利于人才团队成长的氛围。建立公平开放的市场准入与退出制度，制订技术标准，引导交通新业态新模式安全健康发展。

四、推动交通运输高质量发展的政策建议

（一）切实转变发展理念

坚持以新发展理念为统领，以推动高质量发展为主题，以供给侧结构性改革为主线，以加快建设交通强国为使命，进一步推动规划理念的转变，协调好与国土空间开发、生态环境建设、重大产业布局的关系，平衡各种运输方式、建管养运、区域城乡、促投资与防风险的关系，加大快速化、个性化、多样化运输服务供给，提升交通基础设施资源的综合利用效率。

（二）坚持市场和政府协同发力

坚持简政放权、放管结合、优化服务，全面实施市场准入负面清单制度，规范交通领域各类收费标准，加大知识产权保护力度，充分调动各类市场主体自主决策、自主经营的积极性、主动性、创造性，使市场在资源配置中起决定性作用。更好发挥政府作用，加强重大项目储备，加快项目审核进度，不断调整优化投资结构，将政府投资集中用于经济社会发展的关键领域和薄弱环节，保障重大工程、重大项目和重点建设任务，为市场主体创造良好的投资环境。

（三）进一步防范化解重大风险

坚持底线思维，增强忧患意识，提高防控能力，着力防范化解重大风险。处理好发展需求与建设能力的关系，充分考虑地方财政承受能力和政府投资能力，加强债务风险评估，严格落实项目建设条件，区分轻重缓急，科学有序推进建设项目，严禁建设政绩工程、形象工程。规范地方政府举债融资，明确交通项目债务主体，严禁违法违规融资担保行为，严禁以政府投资基金、PPP、政府购买服务等名义变相举债，切实防范地方政府隐性债务风险。做好顶层设计和制度性安排，充分考虑全球供应链、产业链的调整与变化、国际贸易摩擦、新技术革命等因素对交通运输领域未来产生深刻影响的可能性，加强前瞻性研究和预判。

（四）完善支持和保障体系

深化铁路、民航垄断性行业改革，推进铁路法、民航航空法等修订出台，完善收费公路管理条例，适时调整完善针对新业态新模式的相关法规和政策。深入实施科技重大专项，全面加强基础科学研究，实施关键核心技术攻坚行动。健全工程建设、设施管理、运输服务等领域标准，以高标准推动高质量发展。加强重点领域、重点行业人才培养，推动新型智库建设，提升交通发展软实力。进一步完善“大交通”管理体制，强化国家层面推动综合交通运输体系发展的协调机制，统筹铁路、公路、水路、民航、邮政等要素和方式融合发展，加强综合立体交通规划，筑牢现代化综合交通体系基础。

“十四五”生活污水垃圾处理设施领域发展重点的思考*

城镇生活污水垃圾处理设施是城镇环境基础设施的重要组成部分。建设好城镇环境基础设施是解决城镇化进程中不断积累的环境问题的关键之钥，也是落实党中央、国务院对改善环境质量要求的具体实践。

近年来，党中央、国务院高度重视城镇生活污水垃圾处理等城镇环境基础设施的建设，并将其作为打赢污染防治攻坚战的重要工作任务之一，各地和有关部门认真贯彻落实国家相关规划和政策措施，不断加大设施建设力度，全国城镇生活污水垃圾处理能力和水平显著提升，环境治理能力有效提升，整体环境质量明显改善，为我国城镇居民生活环境保护筑下了坚实基础。

尽管我国城镇生活污水垃圾处理设施领域发展取得了一定成就，但在人民群众日益增长的美好生活需要的大背景下，生态环境污染治理要求日趋严格，生态文明建设也有了新标准和新要求，我国城镇生活污水垃圾处理总体还存在短板和不足。“十四五”时期是我国全面建成小康社会、实现第一个百年奋斗目标之后，乘势而上开启全面建设社会主义现代化国家新征程、向第二个百年奋斗目标进军的第一个五年，是进入新发展阶段、

---

* 作者张英健，正高级工程师，中国国际工程咨询有限公司资源与环境业务部主任。
原文刊于《中国投资》2021 年 1、2 期合刊。

推动高质量发展的重要时期，对我国城镇环境基础设施质量提出了更高的要求。

个人认为，“十四五”期间应瞄准城镇生活污水垃圾处理设施短板和不足，统筹谋划、分类施策、解决欠账、填补空白、补齐短板，进一步提升城镇生活污水垃圾处理设施的质量和水平，缓解生活污水垃圾收集处理设施不均衡、不充分的矛盾，助力生态环境质量改善，使良好的生态环境成为人民幸福生活的增长点、经济社会持续健康发展的发力点和展现我国良好形象的支撑点，不断提升人民群众的幸福感、获得感和安全感。

一、关于城镇生活污水处理领域的思考

2020 年年中，国家发展改革委、住房和城乡建设部联合印发《城镇生活污水处理设施补短板强弱项实施方案》，对于提升城镇生活污水处理能力、扎实推进城市更新具有重要的指导意义。

我国城镇生活污水处理设施建设，虽然近些年取得了突飞猛进的进步，但仍有较大的提升空间。

一是污水管网问题依然存在。与我国“十三五”期间污水处理厂设施日趋完善相比，我国污水管网配套和维护能力滞后的问题越发突出。在许多老城区、城中村以及城郊接合部等地区，污水管网覆盖收集能力不足；老旧管网错接、漏接、断头管网现象丛生，一些老旧管网淤积、漏损现象时有发生；另外，新建污水管网由于多种因素，质量良莠不齐、管网运行维护不利等问题仍然较为常见。

二是污水处理设施仍有短板。我国城镇的污水处理率指标已达较高水平，但深入分析就会发现，部分城镇面积及人口增长较快，造成这些地区

污水处理设施与当地污水排放量不匹配；同时，部分中西部建制镇污水处理设施又存在覆盖不全面、设施能力不足问题，总体上看污水处理设施还存在布局不均衡的问题。

三是污泥处理能力仍不足、处理方式亟待提升。污泥问题早在国家制订“十三五”污水处理设施规划时就已经充分暴露，国家采取了鼓励和扶持污泥处理处置的政策。但随着污水处理设施的建设、污水处理标准不断提高，污泥产生量不断加大，污泥相关支持政策和处理费用落实并不尽如人意，未来仍需重点关注。

四是我国处理后的污水再生利用率还不高。目前我国每年生活污水再生利用率不足15%，污水资源化利用尚处于起步阶段，发展不充分，利用水平不高。

未来，我国“十四五”期间城镇生活污水处理仍需做好以下几个方面的工作。

（一）重点关注污水管网建设

对于新建的污水处理设施厂，应同步配套建设一定规模的污水收集管网，确保污水收集能力。加快建设城中村、老旧城区、城乡接合部和异地扶贫搬迁安置区的生活污水收集管网，加快填补新建小区收集管网空白区，推动小区支线管网和出户管的连接建设。在当前我国进入高质量发展阶段的形势下，管网建设过程中应更关注管网建设的质量，应使用优质管材、多使用结构式构件，保障管网的使用寿命，降低后期维护成本。

除干旱地区外，新建污水收集管网需采取分流制系统。在南方丰水地区，为进一步提高污水处理厂的生产效率，应加快对合流制排水系统的分流改造，提高进水生化需氧量浓度，提高污水处理厂处理效率。

应加快老旧城区以及城乡接合部等区域的生活污水管网建设和老旧污

水管网、雨污合流管网改造；对于有条件的地区，建议对老旧破损管网进行诊断，实施摸底排查，对混错接、漏接、破损管网及时更新修复，因地制宜开展溢流口、截流井改造以及增设调蓄设施等措施，进一步提高污水收集能力。

对于采取 PPP 等模式建设的项目，建议所在地政府考虑管网建设的费用，在合作洽谈过程中考虑这部分投资收益问题，从根本上解决社会资本不愿意参与管网建设的问题。

（二）强化污水处理设施弱项

随着“十三五”期间各地区污染防治力度的加大、黑臭水体的整治以及人民群众生活水平的不断提高、部分城镇人口的增长，一些地区现有污水处理能力不能满足需求。

“十四五”期间应认真分析城镇人口容量和分布，并应遵循污水处理的客观规律，合理确定污水处理设施规模与布局，尽快补齐短板。对于尚无污水集中处理设施的县城、建制镇应尽快建成污水处理设施，现有污水处理能力不能满足需求的城市和县城加快补齐处理能力缺口，新建城区配合城市开发同步推进污水处理设施建设。对于大中型城市污水处理厂建设规模可适度超前，留有污水统筹调度的能力，降低因设备检修、雨季等造成污水溢流问题。

在污水处理厂布局过程中，对于人口少、居住相对分散、集中处理设施短期内难以覆盖的地区，可因地制宜建设小型、分散污水处理设施。并探索结合人工湿地等措施，进一步提升污水出水水质。

（三）补齐污泥处理设施短板

建议各地区结合当地污泥处理处置设施情况，统筹考虑纳入本地污水处理设施建设规划，补齐污泥处理设施能力建设短板。根据污泥产生量和泥质，结合本地经济社会发展水平，选择适宜的处理处置技术路线。对于地方经济较好的地区，建议采取专业化处置的方式，以获得最佳生态环境效益，如土地资源紧缺的大中城市鼓励采用“生物质利用＋焚烧”处置模式；对于有协同处置条件的区域，地方政府可统筹协调布局，将垃圾焚烧发电厂、燃煤电厂、水泥窑等作为污泥的协同处理处置设施，协同处理方式作为污泥处置的有效补充。

（四）加强污水的资源化利用

“十四五”我国已转向高质量发展阶段，我国的污水处理设施也必须契合高质量发展主题，推动质量变革、效率变革。目前我国的万元 GDP 用水量与发达国家相比还有一定的差距，我国每年生活污水排放总量已经具有相当规模，按照未来高质量发展的要求，污水资源化利用将是节约水资源、改善水环境、提高水资源利用效率的一个重要途径。

2021 年初国家发展改革委等 10 部门联合印发了《关于推进污水资源化利用的指导意见》，是国家层面首次针对污水资源化出台的统领性文件，是对习近平总书记“节水优先”治水方针和“绿水青山就是金山银山”发展理念的具体落实，对推进我国各地开展污水资源化利用工作具有重要的指导作用。这个文件将污水资源化利用上升到国家战略，填补了该领域政策体系的空白。下一步在城市开展水资源调配论证时，强调污水资源化利用应作为节水开源的重要内容，落实和强化再生水纳入水资源统一配置制度，促进与城市供水体系有效衔接。

我们建议以现有污水处理厂为基础布局再生水利用设施，并对现有污水处理设施提质升级，按照以需定供、分质用水原则，再生水优先就近用于工业和生态补水。新建城区提前规划布局再生水管网，有序实施区域再生水循环利用工程。

对于我国广大缺水地区，建议重点对现有污水处理设施提质升级，根据周边企业或生态补水的要求确定污水深度处理要求，严格执行国家规定的水质标准，优先就近用于工业生产用水和生态补水，将再生水作为常规水资源的有效补充，实现水的开源补源，突破水资源制约经济社会发展瓶颈，为区域高质量发展提供稳定安全的水资源。

（五）摸清家底构建信息系统

随着城镇的不断发展，生活污水收集管网也由各个不同的主体逐步建设完成，随着时间的推移，很多管网信息已难以查询，给后期维护管理带来各种各样的困难。随着我国信息技术的进步、硬件成本快速降低，建立管网地理信息系统现阶段已成为可能。

“十四五”期间，可以考虑进一步扩大此项工作范围，按照设施权属及运行维护职责分工，利用大数据、物联网、云计算等技术手段，开展摸底排查工作，逐步建立市政排水管网地理信息系统并定期更新，实现污水收集管网的信息化管理，并逐步形成基于地理信息系统的动态更新机制。并在此基础上，加强水质、水量调度，逐步实现远程监控、信息采集、系统智能调度、事故智慧预警等功能，为污水处理设施运行维护管理提供决策辅助，进一步提高污水处理运维和污染防治水平。

二、关于城镇生活垃圾处理领域的思考

“十三五”时期，我国生活垃圾分类和处理设施继续呈现快速发展态势，各地和有关部门认真贯彻落实党中央、国务院重要决策部署，加大规划引导和政策支持力度，稳步推进生活垃圾分类，积极开展分类投放、分

类收集、分类运输和分类处理设施建设，大力发展焚烧处理方式，进一步健全收转运体系，生活垃圾处理能力显著提高，处理结构明显优化。除特殊困难地区外，全国城市和县城生活垃圾基本实现无害化处理；收转运及处理设施能力进一步增强，新增处理能力基本完成了“十三五”规划目标；垃圾处理设施结构显著优化，初步形成了新增处理能力以焚烧为主的垃圾处理发展格局。

“十四五”站在新起点，对比高质量发展新要求，我国生活垃圾处理设施能力仍有缺口，收转运和处理体系需按分类要求加大建设力度，区域间发展仍不平衡不充分，垃圾处理高质量发展依旧面临不小的困难和挑战。一是分类收转运设施普遍存在缺口。在46个重点城市中，除部分城市外，其他城市生活垃圾分类收集、分类转运设施仍不完善。二是部分地区焚烧处理能力仍有待提升。三是垃圾分类后端处理设施能力不足，厨余垃圾等分类和处理问题凸显，处理后的产品消纳途径不畅、机制体制尚存在一定障碍。四是过去我国建设的一大批原生垃圾填埋设施环保达标运行难度和处理成本越来越高，部分设施环保、技术和运营管理水平不高等问题凸显，特别是渗滤液处理不达标、防渗系统薄弱、日常作业不规范等环境隐患显现。“十四五”期间我国城镇生活垃圾处理仍需做好以下五个方面的工作。

（一）持续推进垃圾分类设施建设

我国已经相继出台《“十三五”全国城镇生活垃圾无害化处理设施建设规划》《生活垃圾分类制度实施方案》《关于加快推进部分重点城市生活垃圾分类工作的通知》《关于在全国地级及以上城市全面开展生活垃圾分类工作的通知》等生活垃圾分类政策文件，目前已初步建立了垃圾分类处理政策制度体系。部分城市率先颁布生活垃圾管理条例，明确垃圾分类主要目标和工作任务，大力推进生活垃圾分类工作。2020 年中，国家发展改革委联合住房和城乡建设部、生态环境部印发了《城镇生活垃圾分类和处理设施补短板强弱项实施方案》，对目前我国城镇生活垃圾分类和处理设施方面存在的短板弱项，进一步提出了切实可行的重点任务和建设方案。方案提出，到 2023 年，《生活垃圾分类制度实施方案》明确的 46 个重点城市全面建成生活垃圾分类收集和分类运输体系，重点区域深入开展生活垃圾分类处理。

建议“十四五”期间，相关地区参照《生活垃圾分类标志》，结合当地的特点，因地制宜明确本地生活垃圾分类方式，设置规范的垃圾分类投放标志，按照便于居民投放、便于分类转运、便于处理处置、便于回收利用的原则，合理布局居民社区、商业场所和其他公共场所生活垃圾分类收集站点，加快老旧分类收集设施改造，要有规范、清晰、统一的标志，加大垃圾分类设施的建设。

此外，还要按照区域生活垃圾分类类别要求和相应垃圾产生量，合理确定收运频次。配置标识规范、清晰的分类运输车辆，加大对运输环节的监管力度，防止生活垃圾“先分后混”“混装混运”，让居民认识到现阶段已经进入到垃圾“真分类”阶段，持续巩固居民刚刚树立起来垃圾分类的习惯。

（二）有序开展垃圾焚烧设施建设

“十四五”期间各地将按照国家有关要求，对于生活垃圾日清运量超过一定规模的地区，加快发展以焚烧为主的垃圾处理方式，超前谋划新建垃圾焚烧设施选址，将新建垃圾焚烧处理设施的建设和运营纳入城乡发展有关规划，推动垃圾焚烧设施与城乡发展有机融合。对于生活垃圾日清运量达到建设规模化垃圾焚烧处理设施的地区，可适度超前建设与生活垃圾清运量增长相适应的焚烧处理设施。对于不具备建设规模化垃圾焚烧处理设施的地区，可考虑共建共享的方式建设焚烧处理设施。

随着我国“碳达峰”工作的推进，预计“十四五”期间垃圾焚烧厂的余热利用将会得到更多的关注，建议具备条件的垃圾焚烧厂及早考虑与城市供暖的衔接，特别是有冬季供暖的地区，为当地碳减排贡献力量。

（三）稳步开展厨余垃圾设施建设

“十四五”期间随着各地按照国家有关要求深入推进垃圾分类工作，开展厨余垃圾处理设施建设，已成为能否落实好垃圾分类工作的关键环节。建议各地根据本地人口规模、厨余垃圾特点、分类收集情况、处理后的终端产品及副产物消纳情况等因素，统筹考虑处理技术、经济效益等多方面因素，避免盲目跟风，选择适宜当地情况的技术路线和处理方式，稳步推进厨余垃圾处理设施建设。

考虑到我国“十四五”期间垃圾分类工作将快速推进，厨余垃圾处理设施建设应充分考虑集成化、智能化、自动化，对于厨余垃圾能源化的，应加强生产过程中的能量循环利用；对于有产品的，应生产适销对路的高质量产品，进而实现低成本运行。对于厨余垃圾采取干式厌氧和湿式厌氧等处理工艺技术产生沼渣的，可以根据沼渣的产量和性质开展资源化利用设施建设。比如沼渣可以与园林垃圾等采取好氧堆肥方式进行处理，或将沼渣预处理脱水干化后进行焚烧。这不仅对沼渣进行利用，更主要的是避免了对环境的二次污染。

（四）规范提升垃圾填埋设施建设

根据国家最新规定，原则上地级以上城市以及具备焚烧处理能力或建设条件的县级地区，不再规划和新建原生垃圾填埋设施。对暂不具备建设焚烧设施条件的地区，可规划建设符合标准的生活垃圾填埋场。

预计“十四五”期间我国多个地广人稀的地区仍不具备建设焚烧设施条件，这些地区中不少地方填埋场选址客观条件比较差，特别是西藏、青海等西部生态敏感地区尤为突出，建议相关部门对这些地区加大投资力度、提高建设标准、规范垃圾填埋场设施建设。

需要注意的是，对于城镇垃圾填埋设施应有一定的剩余库容保障。垃圾填埋场作为生活垃圾的最终处置方式，未来仍是我国垃圾处理必须具备的保障手段，只是工作重点逐渐转为保障填埋焚烧残渣和达到豁免条件的飞灰填埋等。但我们在工作中发现，很多地区对垃圾填埋场的使用功能和项目建设还存在误解。在“十三五”期间各地填埋设施建设大幅放缓，造成目前很多城市垃圾填埋场没有库容或剩余库容即将用完，这也是一些地区飞灰无处可去的一个主要原因。

未来，还应重视垃圾填埋处理设施建设，合理规划不同地区填埋场库容，保证城市垃圾处理的基本设施配置要求。

（五）做好防治二次环境污染建设

随着我国生态环保督查的持续开展和不断深入，以及多个专项环保行动的开展，近年来飞灰和渗滤液的处理工作进入了深水区，也进入了攻坚克难的阶段。“十四五”期间将是我国基本解决这两个难题的重要攻坚阶段。

对于焚烧飞灰处置设施，除了做好垃圾焚烧厂运营监管外，重点是加强生活垃圾焚烧厂配套飞灰填埋处置设施建设。同时应强化协同处置设施前端飞灰预处理工艺，加强协同处置过程中飞灰储存、转移等环节管理，规范水泥窑协同处理设施建设，避免对环境造成二次污染。

对于垃圾渗滤液的处理，一直是普遍性的难题。“十四五”期间新建生活垃圾处理设施要配套建设相应能力的渗滤液处理设施，既有生活垃圾处理设施加快补齐渗滤液处理能力短板，更重要的是进一步厘清优化管理体系，加大渗滤液处理的技术研发攻关力度，降低处理成本，实现协同处置，疏堵结合，真正解决当前存在的问题。

党的十九届五中全会通过的《中共中央关于制定国民经济和社会发展第十四个五年规划和二〇三五年远景目标的建议》中，明确提出“持续改善环境质量”，深入打好污染防治攻坚战；继续开展污染防治行动，治理城乡生活环境，推进城镇污水管网全覆盖，基本消除城市黑臭水体。这为我国“十四五”期间污水垃圾处理设施发展提供了根本遵循。

此外，国家主席习近平在2020年9月22日联合国大会一般性辩论中明确宣示，2030年前碳排放达峰，2060年前实现碳中和。2020年12月12日，习近平主席在气候雄心峰会上明确了2030年前的做法，第一条就是提高能源效率。“十四五”期间对于新建污水、垃圾处理设施要特别重视通过优化设计、选择能效等级先进的耗能设备，最大幅度提高整体运行的能源效率；对于已建成的设施，应结合实际情况有针对性地进行节能改造；对于垃圾焚烧等具有可回收余热的设施，应充分考虑将余热进行回收利用，进而助力我国碳达峰碳中和的实现。

综上所述，“十四五”期间将是我国生活污水和垃圾处理设施高质量发展的五年，也是最关键的五年，这五年，在全社会共同的努力下，生态环境将会有更加显著的变化，将为二〇三五年基本实现社会主义现代化的远景目标，生态环境根本好转、美丽中国建设目标基本实现奠定坚实的基础。

第二章

促进协调发展

“十四五”区域发展优势如何进一步释放*

区域协调发展的战略思想是习近平新时代中国特色社会主义经济思想的重要组成部分，其形成具有深厚的实践基础与历史渊源。深入学习理解并贯彻落实习近平总书记关于我国区域协调发展的战略思想，对于解决当前和“十四五”时期我国区域经济发展出现的一些新情况新问题，应对国内外发展环境的新变化，具有十分重要的指导意义和现实价值。

一、区域协调发展战略核心：营造新平衡、实现更充分

2019 年 8 月 26 日，习近平总书记在中央财经委员会第五次会议上指出，不平衡是普遍的，要在发展中促进相对平衡，这是区域协调发展的辩证法。9 月 18 日，在黄河流域生态保护和高质量发展座谈会上又明确提出，各地区要从实际出发，宜水则水、宜山则山，宜粮则粮、宜农则农，宜工则工、宜商则商，积极探索富有地域特色的高质量发展新路子。归纳起来，新时代区域协调发展战略的核心就在于“营造新平衡、实现更充分”，“宜什么则什么”是在不平衡中营造新的相对平衡的现实选择，而把“宜”的内容做到极致，即所谓充分发展，这是发挥各地区比较优势、构建高质

---

* 作者窦皓，正高级经济师，中国国际工程咨询有限公司党委委员、副总经理。原文刊于《中国投资》2020 年 7、8 期合刊。

量发展动力系统的主线。

（一）“营造新平衡、实现更充分”是与时俱进的政治经济学

“营造新平衡、实现更充分”是以马克思主义为指导，立足中国实际，构建和优化社会主义市场经济的空间结构，通过区域全面协调发展实现共同富裕的政治经济学。

一是以共同富裕、共享发展作为区域协调发展的总基调，体现了社会主义本质。习近平总书记在2017年中央经济工作会议上，明确提出区域协调发展的目标：“要实现基本公共服务均等化，基础设施通达程度比较均衡，人民生活水平大体相当。”这就把区域发展与社会主义分配统一起来，丰富了分配理论，谱写出社会主义区域发展理论的新篇章。

二是将新时代我国区域经济发展的主要矛盾分析作为出发点和主线。新时代我国社会主要矛盾为人民日益增长的美好生活需要和不平衡不充分的发展之间的矛盾。党的十八大以来，以习近平总书记为核心的党中央提出京津冀协同发展、长江经济带发展、共建“一带一路”、粤港澳大湾区建设、长三角一体化发展等新的区域发展战略，改变长期积累的区域发展不平衡不充分状态，着力解决新时代区域经济协调发展的主要矛盾。

三是把精准扶贫作为区域协调发展的重要举措。习近平总书记多次强调指出，区域发展必须围绕精准扶贫发力。深度贫困地区的区域发展是精准扶贫的基础，也是精准扶贫的重要组成部分，必须围绕减贫来进行。这种把精准扶贫与区域发展结合起来的理论，是任何国家的区域经济理论所没有的，也是中国特色社会主义政治经济学的一大创新。

（二）“营造新平衡、实现更充分”是五大发展理念的集成表现

推动区域协调发展，是贯彻新发展理念的重要组成部分，“营造新平

衡、实现更充分”集中体现了五大发展理念。

第一，坚持创新发展，就要拓展发展新空间，形成沿海沿江沿线经济带为主的纵向横向经济轴带，培育壮大若干重点经济区。“营造新平衡、实现更充分”有利于促进各类创新要素高效聚集，充分发挥中心城市和城市群等经济发展优势区域的创新带动作用，增强创新发展动力。

第二，坚持协调发展，必须牢牢把握中国特色社会主义事业总体布局，正确处理发展中的重大关系，增强发展协调性。“营造新平衡、实现更充分”有利于塑造要素有序自由流动、主体功能约束有效、基本公共服务均等、资源环境可承载的空间经济新格局，推动区域协调发展。

第三，坚持绿色发展，必须坚定走生产发展、生活富裕、生态良好的可持续发展道路。“营造新平衡、实现更充分”有利于构建科学合理的城市化格局、农业发展格局、生态安全格局、自然岸线格局，筑牢生态安全屏障，推动建立绿色低碳循环发展的区域经济体系。

第四，坚持开放发展，必须顺应我国经济深度融入世界经济的趋势，奉行互利共赢的开放战略，发展更高层次的开放型经济。“营造新平衡、实现更充分”将进一步完善对外开放战略布局，推进沿海地区全面参与全球经济合作和竞争，培育有全球影响力的先进制造基地和经济区，提高边境经济合作区、跨境经济合作区发展水平。

第五，坚持共享发展，必须坚持发展为了人民、发展依靠人民、发展成果由人民共享。“营造新平衡、实现更充分”有助于充分发挥东部发达地区辐射带动作用，挖掘中西地区发展潜力，使人民共享发展成果。

（三）“营造新平衡、实现更充分”是走向现代化的必由之路

习近平总书记在庆祝中国共产党成立100周年大会上的讲话中宣告：“我们实现了第一个百年奋斗目标，在中华大地上全面建成了小康社会，历

史性地解决了绝对贫困问题，正在意气风发向着全面建成社会主义现代化强国的第二个百年奋斗目标迈进。”“营造新平衡、实现更充分”可以在更大范围内优化资源配置、拓展新的发展空间，为实现现代化打下坚实基础。

一是允许和鼓励发达地区率先开启现代化进程，率先实现现代化。“营造新平衡、实现更充分”有利于破除资源流动障碍，使市场在资源配置中起决定性作用，促进各类生产要素向优势地区集中，充分释放其现代化的潜力。

二是协同推动经济高质量发展和生态环境高水平保护，走绿色现代化道路。“营造新平衡、实现更充分”有助于实现生产系统和生态系统循环链接，更注重质量与效益的提升，更看重经济建设与社会建设、生态建设的协同发展，形成人与自然和谐发展的绿色现代化建设新格局。

三是有利于打破地区内行政分割和地方保护，避免无序竞争。习近平总书记在《推动形成优势互补高质量发展的区域经济布局》一文中指出，要“消除歧视性、隐蔽性的区域市场壁垒，打破行政性垄断，坚决破除地方保护主义”。“营造新平衡、实现更充分”有助于在更大的区域范围集聚经济能量，加快推进现代化进程。

二、“十四五”区域发展优势如何进一步释放

党的十八大以来，我国在创新、协调、绿色、开放、共享的发展理念下，促进区域协调发展，构建起京津冀协同发展、粤港澳大湾区建设、长三角一体化发展、长江经济带发展、黄河流域生态保护等五大国家战略为核心引领的“三圈两带”战略布局，基本形成了西部开发、东北振兴、中部崛起、东部率先的区域发展格局。“十四五”时期，我国区域空间回旋

余地大的优势将进一步释放。

（一）京津冀、长三角、粤港澳等区域加快建设引领高质量发展

京津冀“十四五”期间，将继续稳步推动疏解北京非首都功能，高质量建设雄安新区和北京城市副中心。长三角一体化发展将紧扣“一体化”和“高质量”两个关键精准发力，加快建设最具影响力和带动力的强劲活跃增长极，带动整个长江经济带和华东地区发展，形成高质量发展的区域集群。深圳、广州、珠海等城市将进一步深化引领内地与港澳的交流合作，推动“一国两制”事业高质量发展，通过推进建设粤港澳大湾区，对港澳参与国家发展战略，提升竞争力，保持长期繁荣稳定发挥重要作用。

（二）长江经济带和黄河流域加大生态保护力度实现绿色发展

长江经济带继续以生态优先、绿色发展为引领，以共抓大保护、不搞大开发为导向，从生态系统整体性和长江流域系统性着眼，把修复长江生态环境摆在压倒性位置，积极探索在不破坏生态环境的前提下，实现经济社会高质量发展的新路子。黄河流域各地区要按照习近平总书记的指示，认真研究气候变化影响、水沙关系变化、水资源配置、生态保护、重大基础设施布局、产业分工以及兰西城市群、黄河“几”字弯都市圈、西安国家中心城市、郑州国家中心城市、山东半岛城市群等区域发展的重大问题，切实有序推动黄河流域实现高质量发展。

（三）东北地区工农业基地战略定位实现全面振兴

2019 年 8 月 26 日，习近平总书记在中央财经委员会第五次会议上提出：“东北地区是我国重要的工农业基地，维护国家国防安全、粮食安全、

生态安全、能源安全、产业安全的战略地位十分重要。”受“倚能、倚重、倚化”产业结构本底和国际能源价格走低以及经济下行导致能源消费相对疲软等因素的影响，东北地区产业转型升级依然困难重重，我国区域发展不平衡不充分集中体现在此类地区。“十四五”时期，东北地区应在维护好国家国防安全、粮食安全、生态安全、能源安全、产业安全的前提下，加快经济转型步伐，促进人口向中心城市集聚，通过中心城市引领东北地区实现高质量发展，推动东北地区实现全面振兴。

（四）老少边穷等特殊类型地区坚定主体功能补齐发展短板

革命老区、少数民族地区、边境地区、贫困地区等特殊类型地区 2021 年与全国同步全面实现小康，现有贫困标准下的贫困人口实现全部脱贫，这在我国乃至世界扶贫史上都是历史性创举。“十四五”期间，应巩固好脱贫攻坚成果，在延续“输血”机制的基础上，完善“造血”机制，有效防止返贫返困。

（五）革命老区要因地制宜，发展好特色优势产业

应围绕宝贵的红色资源，做好革命遗址的发掘保护修复工作，维护运营好革命博物馆、纪念馆、党史馆、烈士陵园等党和国家红色基因库，建设更多革命传统教育、爱国主义教育、青少年思想道德教育基地。切实践行“绿水青山就是金山银山”的理念，打造红绿融合的文化生态，让老区“红的更红，绿的更绿”。

（六）民族地区要把维护国家统一和各民族团结作为发展的根本出发点

发挥好转移支付和对口支援的机制优势，贯彻落实扶持集中连片特殊困难地区、牧区、边境地区、人口较少民族地区发展等政策举措，加大

基础设施建设力度，推进基本公共服务均等化，增强自我发展的“造血”能力。

（七）边境地区要强化分类指导和分段施策

加大交通、水利、能源等基础设施投资力度，补齐医疗、卫生、教育等方面短板，持续推进基本公共服务均等化，不断完善边境地区社会保障制度，逐步提升区域引人聚人和可持续发展能力。

（八）贫困地区要继续巩固脱贫攻坚成果，建立解决相对贫困的长效机制

压茬衔接脱贫攻坚与乡村振兴战略，统筹各方资源力量，加大扶持力度，培育内生动力，加快补齐基础设施、卫生医疗和教育文化等短板，为全国区域协调发展提供支撑。

“十四五”时期农业农村高质量发展的思考与建议*

一、“十三五”农业农村成就斐然

“十三五”期间，农业农村领域取得的成就主要包括以下几个方面。

（一）粮食等重要农产品供给保障能力持续增强

深入推进“藏粮于地、藏粮于技”，全国粮食总产量连续5年稳定在1.3万亿斤以上，水稻、小麦自给率保持在100%以上，玉米自给率超过95%，确保中国人的饭碗牢牢端在自己手上。棉、油、糖种植面积和产量保持稳定，牛奶产量3201万吨，肉、蛋、菜、果、鱼等产量稳居世界第一，有效满足了人民群众日益增长的消费需求，重要农产品供给水平明显提升。

（二）农业发展方式加快转变

农业物质装备科技条件持续改善，我国农业科技进步贡献率突破60%，主要农作物耕种收综合机械化率超过70%，农机总动力达到10.28

---

* 作者邹涤、陈林。邹涤，正高级经济师，中国国际工程咨询有限公司农村经济与地区业务部主任；陈林，中国国际工程咨询有限公司农村经济与地区业务部高级工程师。原文刊于《中国投资》2020年15、16期合刊。

亿千瓦。农业绿色发展扎实推进，化肥、农药施用量连续保持负增长，秸秆、畜禽粪污综合利用率分别达到 85%、74%。绿色优质农产品供给明显增加，强筋、弱筋优质专用小麦占比提高到 35.8%，优质稻谷面积进一步扩大；粮经饲三元结构初步构建，畜牧业加快升级，生猪养殖规模化率达到 53%，牛羊肉较快增长，满足了消费结构升级需要。农产品质量安全例行监测合格率保持在 97% 以上，认定绿色、有机和地理标志农产品超过 4.92 万个，越来越多绿色优质农产品摆上了超市货架和百姓餐桌。

（三）农业农村改革不断深化

农业供给侧结构性改革深入推进，生产进一步向优势区域集中，农村第一、二、三产业深度融合发展，2019 年农产品加工转化率接近 68%、农产品加工业产值与农业总产值比达到 2.3：1。承包地“三权分置”稳步推进，农村土地制度改革取得重大进展，承包地确权登记颁证工作顺利完成，农村承包地确权登记颁证率达到 94%，农村集体经营性建设用地入市、农村集体土地征收制度改革全面扎实推进。农村集体产权制度改革稳步推进，有 43.8 万个村完成了经营性资产股份合作制改革，确认集体经济组织成员 6 亿多人。农业支持保护制度进一步健全，实行最严格的耕地保护制度，划定永久基本农田 15.5 亿亩、粮食生产功能区和重要农产品保护区 10.88 亿亩。

（四）脱贫攻坚取得决定性成就

2019 年，我国 97% 的贫困人口实现脱贫，94% 的贫困县实现摘帽，贫困发生率降至 0.6%。全国农村居民人均可支配收入达到 16021 元，提前一年实现比 2010 年翻一番目标，城乡居民收入差距由 2015 年的 2.73：1 缩小到 2019 年的 2.64：1。贫困县农村居民人均可支配收入年均增长 9.7%，比全国平均水平高 2.2 个百分点。

（五）乡村振兴开局良好

普遍建立了五级书记抓乡村振兴的领导机制，31 个省（区、市）均成立实施乡村振兴战略工作领导机构，建立乡村振兴实绩考核制度，强化考核监督。基本形成了规划先行、梯次推进的工作局面，县域村庄布局加快推进，一些有条件的村编制了“多规合一”的实用性村庄规划。乡村振兴政策框架基本构建，中央出台了多个重要文件，相关部门先后制定支持政策，城乡基础设施统一规划、统一建设、统一管护机制加快构建，城乡基本公共服务按照标准统一、制度并轨的目标加快迈进。一批标志性重大工程启动实施，围绕抓重点、补短板、强弱项，实施了农村人居环境整治、高标准农田建设、农业科技创新、国家现代农业产业园建设、东北黑土地保护性耕作、农产品仓储保鲜冷链物流设施建设等一批基础性、长远性的工程项目，进一步夯实了农业农村发展的物质基础。

（六）农业基础设施建设成绩突出

到“十三五”期末，完成 8 亿亩旱涝保收、高产稳产的高标准农田建设任务，亩均粮食产能提高约 100 千克。实施耕地地力保护与提升行动，2019 年全国耕地平均等级达 4.76 等，较 2014 年提升 0.35 个等级。建设以海南、甘肃、四川三大国家级育制种基地为核心，52 个国家级制种大县和 100 个区域性良种繁育基地为骨干的种业基地“国家队”，农业用种供给保障能力显著提升。全国农业机械总动力达 10.28 亿千瓦，已建成 453 个主要农作物生产全程机械化示范县，农作物耕种收机械化率超过 70%，畜牧养殖和水产养殖机械化率分别达到 34% 和 30%。畜禽圈舍、自动饲喂、疫病防控等设施设备加快建设，畜禽养殖规模化率达 64.5%，规模养殖场粪污处理设施装备配套率达93%，奶牛规模养殖比重达64%，创建国家级水产健康养殖示范场5400多个。

（七）农村人居环境整治取得阶段性成效

2018年底，中央农办、农业农村部等18个部门启动实施村庄清洁行动，集中整治村庄“脏乱差”问题，95%以上的村庄开展了清洁活动，村容村貌明显改善。农村厕所革命扎实推进，全国农村卫生厕所普及率达65%以上。统筹推进农村生活垃圾污水治理，农村生活垃圾收运处置体系已覆盖全国90%以上的行政村，全国排查出的2.4万个非正规垃圾堆放点中的99%已完成整治，农村生活污水治理水平有新的提高。

二、“十四五”农业农村面临问题

现阶段我国农业农村发展存在的主要问题有以下四个方面。

（一）受到资源环境约束增加

我国的农业发展面临着资源短缺和环境污染的压力持续增加，人多地少、水土资源不平衡等问题短期不会得到根本性解决。主要表现为耕地人均占有量少且质量总体偏低，水资源时空分布不均且水质呈恶化趋势，水土资源不平衡造成我国旱涝灾害频繁。

（二）农业国际竞争力较低

我国人多地少，导致土地租金居高不下；同时，由于整体经济水平的提高，劳动力和其他生产资料成本也在不断上涨，推高了农业生产成本。大宗农产品国内外价格全面倒挂，导致进口继续保持较高水平。随着近年来我国自由贸易区建设步伐加快，多种农产品均将实现零关税。我国农产品质量安全标准普遍低于主要出口市场，整体来看竞争力低。

（三）农民持续增收动力不足

我国现阶段的供应生产依然以传统小农户为主，他们的家庭经营抗风险能力差。农业比较效益低，导致农民普遍收入较低，同时，农民工就业和工资水平增长也因为经济增收放缓受到影响。由于土地流转市场不完善、宅基地和集体经营性建设用地入市政策不明朗等，农民财产性收入有限。

（四）农业保护政策滞后于产业发展需要

我国发展最大的不平衡是城乡发展的不平衡，最大的不充分是农村发展的不充分。农业支持保护体系不精准、落实不到位、资金整合不足、基础设施投入少等问题日益突出。农业补贴面广、环节多、部门多，无法充分发挥财政资金的引导作用。同时，亟须更新农业支持保护体系，既符合WTO国际规则又能保护农业健康发展。

三、“十四五”农业农村发展战略

（一）战略目标

“十四五”规划是衔接“两个一百年”奋斗目标的第一个五年规划，是深入贯彻习近平新时代中国特色社会主义思想和党的十九大精神的第一个五年规划，农业农村领域的发展战略是实现农业农村现代化，具体包括农业现代化、农村现代化和农民现代化。

一是农业现代化。要以智能物质装备、先进科学技术和现代经营管理来提升农业，完善农业产业体系、生产体系和经营体系，优化产业结构、提升技术物质装备水平、提高农业经营管理水平。产业体系的完善是以市场需求为导向，优化农村第一、二、三产业结构，提升农业产业的综合效益和整体竞争力。生产体系要以科技创新为支撑，提升农业机械化、数字化、智能化水平，提升农业科技进步贡献率。经营体系要培育面向市场的农业经营主体，实现小农户与现代农业发展有机衔接，促进农业经营集约化、专业化、组织化、社会化。

二是农村现代化。不断缩小城乡差距，使村庄基础设施接近或基本达到城市水平。全面推进人居环境整治，改善村民生活环境和生产条件。提升公共服务水平，大力发展农村的科教文卫体等社会事业，加快推进城市基本公共服务向乡村延伸。缩小城乡发展差距和居民生活水平差距，村庄规划管理体现“多规合一”管控要求，促进城乡基础设施、公共服务、生态环境保护协调发展。

三是农民现代化。全面提升农民生活水平，促进农民素质和能力等全面发展。全面提升农民素质，要加强职业技能培训，扩大农村实用人才、新型农业经营主体带头人的培训，提高农民的职业技能水平，使农民逐步成为体面的职业。全面提升生活质量，满足亿万农民对美好生活的向往，不断提升农民的获得感和幸福感。

（二）重大任务

一是推动农业现代化。按照供给侧结构性改革需要，不断优化和调整农业产业结构，解决发展过程中自身存在的短板问题。统筹国内国际两个市场和国内国外两种资源，加速我国农业现代化进程。

二是深化“三农”改革。“三农”问题始终是我国农业政策的痛点和难点所在，城乡二元格局根深蒂固，难以在短时间内消除，在发展中，只有通过改革才能打破制约乡村发展的藩篱。

三是推进农业农村信息化。农业农村发展速度慢的原因之一是信息不对称，“十四五”农业农村发展要搭上互联网时代的顺风车，从信息端缓解原有弊病。要着力实现“互联网 + 农”，将互联网技术全面地落实到农业农村的各个环节和领域。

四是保持农村社会和谐稳定。农业农村的不平衡不充分问题更加突出，要通过全面优化制度供给、全面提升共享水平、全面升级治理水平、全面防范制度风险等战略举措，保持农村社会和谐稳定。

五是全面推进城乡融合发展。要坚决破除体制机制弊端，推动城乡要素自由流动、平等交换。通过强化城市对乡村的带动作用、发挥集镇和小城镇衔接作用、提档升级乡村道路增强城乡连接、促进城市公共服务下乡等综合措施，全面推进城乡融合发展。

（三）重大工程

一是农业基础夯实工程。大力推动高标准农田建设，实施土地连片整治，解决农村耕地细碎化问题。提升现代种业、科技创新、动植物保护等方面能力，推进农业农村大数据平台建设。提高农业科技经费支持力度和统筹管理能力，加速推广应用先进适用的集成技术，加强战略性前沿技术储备。

二是绿色农业发展工程。实施土壤污染的治理修复，建立有效的治理和维修技术体系。增加农业绿色发展方面投入力度，完善绿色发展先行区支撑体系，实施好畜禽粪污资源化利用、秸秆综合利用与农膜污染治理、长江经济带农业面源污染治理、东北黑土地保护性耕作行动计划、重点水域渔业资源与生态环境调查等项目。

三是农业产业化工程。突出抓好特色产业集群、现代农业产业园、农村产业融合发展示范园、中国特色农产品优势区、农业科技园区、农业产业强镇等平台建设，按照全产业链发展要求打造优势特色食品全产业链，培育一批第一、二、三产业融合的排头兵。实施农产品仓储保鲜冷链物流设施建设工程，解决农产品物流短板问题。创新利益链接机制，加强新型经营主体和农村实用人才培育。

四是质量兴农工程。健全动植物疫病防控体系，提升动植物保护能力。严把产业投入品管理关，从源头保障农产品质量安全。加强农业区域公共品牌、企业品牌和产品品牌认证，健全农产品质量和食品安全标准体系，建设农业全程可追溯体系，推进农业提质增效。

五是农村基础设施提升工程。深入推进实施农村人居环境整治、农村厕所革命，推动实施村庄基础设施建设工程。着力改善农村水、电、路等基础设施，实施农村饮水安全巩固提升工程，开展古村落保护与开发。

（四）重大政策

一是土地支农惠农政策。将农村作为土地市场化改革的突破口，加速推进承包地流转、集体经营性建设用地入市、宅基地有偿使用、增减挂钩等政策。完善“三块地”改革，为农业农村发展提供物质空间。

二是多元投入扶持政策。农业农村作为财政支出的优先保障领域，公共财政更大力度向“三农”倾斜，确保投入力度不断增强、总量持续增加。充分发挥财政资金的引导作用，通过贷款补息、定向降准等方式，鼓励金融机构向“三农”领域提供更多资金，吸引社会资本投向农业农村领域。

三是人才科技支撑政策。加强农村农业人才政策支持力度，完善产业人才培训体系，造就高素质的新型农业生产经营者队伍。加强基础前沿技术储备，加大力量开展关键技术攻关，夯实农业科技创新条件基础，加快农业科技机制创新与制度建设，提升农技推广服务效能。

四是数字乡村支持政策。建立健全农业农村数据采集体系，基本建成天空地一体化观测网络、农业农村基础数据资源体系、农业农村云平台。数字技术与农业产业体系、生产体系、经营体系加快融合，农业生产经营实现数字化转型，管理服务数字化水平明显提升，大幅提升农业数字经济比重。

五是农业生态保护政策。创新农业资源保护和高效利用机制，实现高产高效与资源生态永续利用协调。以提升耕地地力为目标，因地制宜开展耕地“经济休耕”，推广适应区域特点的农业高效用水技术模式。创新农业生态产品和服务供给路径，大力生产绿色优质农产品。

四、“十四五”农业农村发展重点

（一）聚集要素培育发展新动能

农业农村高质量发展，需要土地、水、气候、生物等自然要素支撑，更需要人才、管理、技术、资金等经济要素的投入。培育农业农村发展新动能，需要聚集人才、资本和土地三大现代要素的投入。

人才是最活跃的要素。农业农村的发展必须要顺应城镇化趋势，满足未来农业农村发展对人才的需要，需要做好三个方面的工作，适应城乡人才双向流动。一是要推进农业转移人口市民化。放开放宽个别超大城市外落户限制条件，允许农业转移人口在就业地落户，推进城镇基本公共服务常住人口全覆盖，促进农业转移人口融入企业、子女融入学校、家庭融入社区、群体融入社会，满足农民进城居住和生活的愿望。二是要建立城市人才入乡的激励机制，运用财政、金融、社会保障等激励政策，鼓励下乡群体参与乡村治理，探索城乡下乡群体加入农村集体经济组织成功做法，促进更多人才投身农业农村事业。三是要改善农业农村就业环境，完善农村基础设施，改善农村人居环境，留住想为农业农村发展做贡献的人才。

资本是最关键的要素。我国农业农村的发展受资金制约严重，“十四五”期间需要通过发挥财政资金、金融资源和社会资本的协同作用，满足农业农村发展对资金的需求。财政资金要优先保障“三农”资金投入，将农业农村作为财政优先保障领域，财政资金投向应向“三农”倾斜，金融资源要增加农业农村供给，推进金融机构供给主体多元化，引导中小金融机构进入农村领域，通过推进农村金融体制改革解决农村资本单向流出和融资成本高的长期困境。创新财政资金投入方式和金融扶持政策，通过信贷担保、贷款贴息、政府购买服务等方式，引导更多社会资本投入农业农村领域。

土地是最基础的要素。土地是农业农村发展最基础的要素，现行土地制度已经不适应于农村第一、二、三产业融合发展需要，必须深化农村土地制度改革。改革过程中重点要做好两方面工作。一是要建立农村集体建设用地直接入市制度，在符合国土空间规划、用途管制和依法取得前提下，解决农业农村发展过程中面临的建设用地紧缺的问题。二是要加速土地承包权流转，完善土地流转、抵押、租赁等市场，促进土地集约化和规模化经营。

（二）深化改革激发发展活力

激发乡村发展活力的关键在于深化改革，只有依靠改革才能打破制约乡村发展的藩篱，“十四五”期间需要重点做好以下几个方面。

一是要继续深化农村土地制度改革。保持农村土地承包关系稳定并长久不变，完善落实集体所有权、稳定农户承包权、放活土地经营权的法律法规和政策体系。健全土地流转规范管理制度，发展多种形式农业适度规模经营，允许承包土地的经营权担保融资。全面推进农村土地征收制度改革和农村集体经营性建设用地入市改革，加快建立城乡统一的建设用地市场。

二是深入推进农村集体产权制度改革。加快农村集体资产监督管理平台建设，建立健全集体资产各项管理制度。制定农村集体经济组织法，加强农村执法队伍建设。做好成员身份确认，注重保护外嫁女等特殊人群的合法权利，加快推进农村集体经营性资产股份合作制改革。继续总结和推广“三变”经验，健全农村产权流转交易市场，完善适合农村集体经济组织特点的税收优惠政策。积极探索农村集体经济的多种实现形式，拓展集体经济形态。

三是完善农业支持保护制度。强化高质量绿色发展导向，加快构建新型农业补贴政策体系。调整改进“黄箱”政策，扩大“绿箱”政策使用范围。健全农业信贷担保费率补助和以奖代补机制，做大担保规模。打通金融服务“三农”各个环节，用好差别化准备金率和差异化监管等政策，切实降低“三农”信贷担保服务门槛。鼓励银行业金融机构加大对农业农村中长期信贷支持力度，支持重点领域大宗农产品期货期权品种上市。

四是探索宅基地“三权分置”。改革过程中要尊重农民意愿、维护农民利益，坚守宅基地居住保障的福利底线，鼓励农村集体经济组织成员盘活利用闲置宅基地和闲置房屋。稳固和明确集体对宅基地的所有权，坚持农村土地集体所有权的根本地位不动摇。结合农村集体产权制度改革，将宅基地所有权赋予农村集体，确定其法人资格，通过颁证等形式明晰具体权利和义务。保障农户宅基地资格权，进城务工农民的宅基地使用权，是基于身份享有的权利，不能因为任何原因剥夺；在农民自愿的前提下，通过建立多元化补偿方式，鼓励在城市获得稳定生活条件农民有偿退出宅基地资格权。放活宅基地使用权，完善宅基地使用权流转的配套政策和法律体系，扩大和明确宅基地使用权流转市场范围，设定使用权流转期限制，鼓励宅基地使用权有偿退出的政策。

（三）转变发展方式高综合效益

“十四五”要提高农业综合效益，实现农业高质量发展，需要重点把握以下四个方面。

一是要优化产业布局。顺应水稻“北增南减”和小麦积聚于黄淮海区域的趋势，维持水稻和小麦现有布局。引导玉米产业布局进一步向东北区域集聚，巩固黄淮海区域玉米优势产区地位。进一步引导油菜籽和花生等油料作物向长江中上游区和黄淮海等优势产区集中。顺应产业发展趋势，加快引导生猪、肉禽和蛋鸡养殖向黄淮海和东北等玉米主产区转移和集聚。

二是要打造第一、二、三产业融合发展平台。整合要素资源，重点打造特色产业集群、现代农业产业园、农村产业融合发展示范园、中国特色农产品优势区、农业科技园区、农业产业强镇等产业融合发展平台，就地就近发展农产品加工业及相关配套产业，拓展农业功能，发展休闲农业和乡村旅游业，培育新产业新业态，创新利益链接机制，不断推动农村第一、二、三产业融合发展。

三是要提高农产品质量安全保障水平。健全自上而下的纵向监管体系，强化农产品全过程质量安全监管。完善农产品可追溯体系建设，整合可追溯资源和数据，统一纳入全国农产品质量安全可追溯信息交换平台进行管理，明确各层级监管需要，满足不同的监管主体需要。

四是要完善新型农业经营体系。加快构建以农户家庭经营为基础、多元经营主体为主导、合作与联合为纽带、社会化服务为支撑的新型农业经营体系。开展农业专业化服务示范创建活动，分级培育农业专业化服务示范点。创新新型经营主体与小农户的利益联结机制，形成风险共担、利益共享的共同体。

适应新发展阶段，贯彻新发展理念，构建新发展格局，促进革命老区高质量发展*

支持革命老区振兴发展，是贯彻新发展理念，推进区域协调发展的重要任务。党的十八大以来，我国把加快特殊类型地区振兴发展摆在了突出位置，革命老区在国家发展总体格局中的地位进一步凸显。“十四五”时期是社会主义现代化建设的起步期，也是推动革命老区高质量发展的攻坚期。支持革命老区振兴发展，有利于引领带动我国特殊类型地区加速融入新发展格局，促进我国区域协调发展向更高水平和更高质量迈进。

2021 年 2 月，国务院印发了《关于新时代支持革命老区振兴发展的意见》，这是新中国第一个支持全国革命老区振兴发展的国务院文件，也是 2020 年后特别是“十四五”时期支持全国革命老区振兴发展的纲领性文件。要深刻认识新时代革命老区振兴面临的新形势和新要求，紧紧围绕“两个更好、四个着力”的总体思路，全面提升革命老区发展的内生动力和发展活力，努力开创革命老区振兴发展新局面。

一、新时代革命老区振兴发展面临的新形势和新要求

革命老区是党和人民军队的根，也是中国人民选择中国共产党的历史

* 作者窦皓。原文发布于国家发展改革委微信公众号。

见证。抓好革命老区振兴发展，让老区人民逐步过上富裕幸福的生活，具有特殊的政治意义。国务院2012年出台了《关于支持赣南等原中央苏区振兴发展的若干意见》，相继批复了赣闽粤、陕甘宁、大别山、左右江、川陕等革命老区振兴规划。在党中央、国务院关心关怀和各地共同努力下，革命老区脱贫攻坚取得决定性成就，357个老区贫困县全部脱贫摘帽，经济总量迈上新台阶，基础设施水平显著提升，产业结构不断优化升级，民生福祉持续改善，生态文明建设成效显著。实践证明，在以习近平同志为核心的党中央的坚强领导下，革命老区激发内生动力，一任接着一任干，就一定能够取得振兴发展的胜利。

“十四五”时期是我国全面建成小康社会、实现第一个百年奋斗目标之后，乘势而上开启全面建设社会主义现代化国家新征程、向第二个百年奋斗目标进军的第一个五年，革命老区将与全国一道开启现代化建设新征程。目前，革命老区还存在经济发展相对滞后、现代产业体系尚未形成、高效交通网络仍需完善、基本公共服务水平有待提高、振兴发展所需人才短缺等短板。新时代革命老区振兴发展要在全面建成小康社会的基础上，坚决贯彻新发展理念，坚决推动高质量发展，必须把创新作为振兴发展的第一动力，着力提升革命老区自我发展能力；必须把协调作为振兴发展的内在要求，推动革命老区大中小城市协调发展；必须把绿色作为振兴发展的重要体现，促进生态保护和经济发展、民生保障相得益彰；必须把开放作为振兴发展的必由之路，积极融入区域重大战略，加强与中心城市和城市群合作，深度参与“一带一路”建设；必须把共享作为振兴发展的本质要求，践行以人民为中心的发展思想，让老区人民在共建共享发展中有更多获得感。与此同时，必须以更大的决心、以更大的气魄深化改革，续写革命老区高质量发展新篇章。

二、新时代革命老区振兴发展要因地制宜、奋勇前进

我国革命老区分布广泛，既有位于东中部地区的赣闽粤、大别山、湘赣边、海陆丰、琼崖、浙西南、湘鄂西、湘鄂渝黔、沂蒙、太行等革命老区，也有位于西部地区的陕甘宁、左右江、川陕等革命老区。从自然位置来看，老区是沟通连接不同区域的重要通道；从历史人文来看，老区是红色文化的发祥地；从经济地理来看，老区是经济区、经济带、城市圈的腹地。加快革命老区建设，基础良好，潜力巨大，发展前景广阔。

新时代革命老区振兴发展要奋勇前进。经过“十三五”时期的发展，革命老区经济实力迈上新台阶，近年来，装备制造、电子信息、生物医药、新材料技术、节能环保和新能源汽车业等新的增长点加快孕育并不断破茧而出，科技研发和创新等新的增长动力正在加快形成并不断蓄积力量，诞生了赣州南康家具和吉安电子信息等千亿级产业。同时，当前革命老区振兴发展也还面临困难和挑战，与全国其他地区发展水平仍存在较大差距，自身“造血”功能还有待进一步加强。要永葆初心、坚定信心，将党的十八大以来的脱贫攻坚等经验做法转化为新发展阶段的崛起条件。要主动适应变化，努力攻坚克难，抓住主要矛盾，着力打通堵点，坚定不移推动振兴发展。

新时代老区振兴发展要因地制宜、各扬所长。部分革命老区经济区位较为优越，如赣闽粤、大别山、川陕正在积极对接国家区域重大战略，是连接我国南北方、沟通东西部的重要桥梁。部分革命老区资源富集，如陕甘宁是我国西煤东运、西气东输和西电东送的重要通道。部分革命老区处于开放前沿，如左右江是西南边境开发开放和连通珠江—西江黄金水道的重要枢纽。只要发挥好革命老区独特的优势，深入推进体制机制改革，为

培育新兴产业和新经济增长点营造良好环境，新时代革命老区振兴发展将迎来广阔前景。

三、坚持“两个更好、四个着力”的总体思路

革命老区大多是多省交界地区和欠发达地区，是完善优势互补高质量发展区域经济布局、满足人民日益增长的美好生活需要的重要支撑。新时代革命老区振兴要牢牢把握“两个更好、四个着力”的总体要求，巩固拓展脱贫攻坚成果，加快融入新发展格局，激发内生动力，发挥比较优势，走出一条新时代革命老区振兴发展新路。以“两个更好”的发展目标催奋进、谋振兴。2019 年 9 月习近平总书记到河南省新县调研时指出：“要把革命老区建设得更好，让革命老区人民过上更好生活。”要紧紧围绕“两个更好”，积极谋划重大基础设施建设项目，坚定不移引导和支持特色产业发展，切实保障和改善民生，把习近平总书记重要讲话精神转化为推动老区发展、实现老区振兴的强大动力和具体行动。

（一）着力推进因地制宜振兴发展

要统筹加强革命老区振兴发展与国家级专项规划、区域规划、国土空间规划等相关规划的有机衔接，积极支持革命老区立足资源禀赋，发挥比较优势，探索各具特色的振兴发展路径。切实推动实现巩固拓展脱贫攻坚成果同乡村振兴有效衔接，一定时期内保持脱贫攻坚政策总体稳定，完善防止返贫监测和帮扶机制，优先支持列入乡村振兴重点帮扶县。落实推进以人为核心的新型城镇化要求，促进革命老区大中小城市协调发展，支持革命老区重点城市建设区域性中心城市和综合交通枢纽城市，研究支持赣州、三明等城市建设革命老区高质量发展示范区，支持符合条件的县城建

设一批产业转型升级示范园区，增强内生发展动力和服务农业农村能力。对接国家重大区域战略，积极参与“一带一路”建设，以开放合作促革命老区振兴发展。

（二）着力增强革命老区发展活力

要大力完善基础设施网络，加大政策资金支持力度，优先支持革命老区公路、铁路、机场和能源、水利、应急等重大基础设施项目列入国家规划，促进实现互联互通。培育壮大特色产业，深入推进优质粮食工程，打造一批知名特色农产品品牌，建设稀土、新材料、能源化工、生物医药、电子信息、新能源汽车等特色优势产业集群，红绿结合加快特色旅游产业发展。完善东中西部科技合作机制，提升创新驱动发展能力，建设一批重点高校、重点学科和重点实验室，完善5G网络、工业互联网、物联网等新一代信息基础设施，因地制宜促进数字经济发展。

（三）着力增进革命老区人民福祉

要支持革命老区依据国家基本公共服务标准，结合各地实际，建立健全公共服务标准，提升义务教育水平和公共卫生防控救治能力，健全公共文化服务网络。大力弘扬传承红色文化，把红色资源作为坚定理想信念、加强党性修养的生动教材，围绕革命历史创作一批文艺作品，统筹推进长征国家文化公园建设，建设一批标志性工程。统筹推进革命老区山水林田湖草一体化生态保护和修复，加强对长江、黄河等大江大河和其他重要江河源头生态环境治理，建立健全流域上下游横向生态补偿长效机制。

（四）着力健全政策体系和长效机制

党的领导是赢得革命老区振兴发展胜利的根本保障，要充分发挥党总揽全局、协调各方的领导核心作用，把党的领导始终贯穿革命老区振兴发展全过程和各领域各方面各环节。不断强化政策资金支持，中央财政在安排革命老区转移支付、地方政府专项债券时，对革命老区所在省份予以倾斜支持。优化土地资源配置，对革命老区列入国家有关规划和政策文件的建设项目，纳入国家重大建设项目范围并按规定加大用地保障支持力度。有关部门要加强工作指导，研究制定支持革命老区巩固拓展脱贫攻坚成果、基础设施建设、生态环境保护修复、红色旅游等重点领域实施方案。相关省（区、市）要将革命老区振兴发展列入本地区重点工作，加强组织领导，完善工作机制，制定配套政策。

推进特殊类型地区振兴，加快实现区域协调发展 *

特殊类型地区是“十四五”推进高质量发展的重点区域，承担特殊功能；是解决发展不平衡不充分突出问题的主战场，面临特殊困难。“十三五”时期，特殊类型地区振兴发展取得重要进展，决战脱贫攻坚取得决定性胜利。《“十四五”特殊类型地区振兴发展规划》（以下简称《规划》）深入贯彻习近平新时代中国特色社会主义思想，第一次界定了我国特殊类型地区的规划范围，明确了发展目标、重点任务和支持政策，为进一步支持特殊类型地区振兴发展，推动巩固拓展脱贫攻坚成果同乡村振兴有效衔接、持续缩小城乡区域发展差距、优化区域经济布局提供了纲领性指导和重要依据。

一、《规划》科学谋划了特殊类型地区振兴发展的目标定位

《规划》立足全面建设社会主义现代化国家新征程，围绕特殊类型地区新发展阶段的问题特征，完整、准确、全面贯彻新发展理念，提出了“坚持系统谋划、精准定位，坚持统筹推进、重点突破，坚持市场主导、政府引导，坚持尽力而为、量力而行”的四大原则，明确新时代支持特殊

* 作者窦皓。原文发布于国家发展改革委微信公众号。

类型地区振兴发展，要聚焦更好解决发展困难，更好发挥支撑功能，健全政策体系和长效机制，因地制宜发挥比较优势，宜工则工、宜商则商，宜农则农、宜粮则粮，宜山则山、宜水则水，切实走出一条符合自身特点的高质量发展之路。

《规划》提出特殊类型地区实现高质量发展的“两步走”目标：第一步，到 2025 年特殊类型地区要在重点区域和领域高质量发展取得明显成效，城乡居民人均可支配收入增速高于全国平均水平，群众生活质量明显改善。第二步，到 2035 年特殊类型地区要与全国同步基本实现社会主义现代化，经济发展、创新驱动、区域协调、绿色转型、开放合作、民生福祉、社会治理、精神文明等方面取得更大成效，人民生活水平大幅提高，共同富裕迈出坚实步伐。

二、《规划》系统构建了特殊类型地区振兴发展的政策体系

（一）加大欠发达地区帮扶力度

《规划》指出，欠发达地区重点是要巩固拓展脱贫攻坚成果，要以西部脱贫地区特别是“三区三州”为重点，建立健全长效帮扶机制，完善后续扶持责任体系。继续发挥中央财政资金引导作用，带动地方政府资金、社会资本等共同投入，统筹各渠道资金支持易地扶贫搬迁后续扶持，进一步提升完善安置区配套设施、基本公共服务设施和配套产业，帮扶搬迁群众产业就业。同时，加大以工代赈实施力度，将以工代赈实施范围拓展至以脱贫地区为重点的欠发达地区，不断创新以工代赈赈济模式。此外，持续实施消费帮扶，加快形成消费帮扶可持续发展模式，促进农产品和服务产销对接，挖掘消费潜力，激发欠发达地区振兴发展内生动力。

（二）促进革命老区振兴发展

《规划》提出，要做好与国务院《关于新时代支持革命老区振兴发展的意见》的衔接，支持革命老区传承弘扬红色文化，做大做强特色优势产业，补齐公共服务短板，推动绿色创新发展。《规划》首次明确了12个革命老区的规划范围，明确了20个革命老区重点城市的功能定位，同时对革命老区特色产业和产业园区、革命遗址遗迹和纪念设施设立了专栏。《规划》要求，支持革命老区加强跨省合作，完善基础设施和特色产业，加快振兴发展。同时，鼓励各有关省份制定支持本地区革命老区发展的政策措施，探索各具特色的振兴发展路径。

（三）促进边境地区繁荣稳定

《规划》提出，要统筹发展和安全，加大对边境建设精准支持力度，提高人口和经济支撑能力，确保边疆巩固和边境安全。《规划》要求，依托国家综合交通运输通道，根据不同边境区段自然资源禀赋、经济社会发展基础，推动实现精准扶边。同时提出，支持边境重点城镇建设，大力推动沿边开放，完善沿边地区各类开发开放平台布局，提升发展水平。

（四）推进生态退化地区综合治理

《规划》明确了“十四五”时期5个重点治理区域，《规划》提出，支持地方因地制宜利用沙漠、戈壁、石漠化以及荒坡荒滩等地区发展光伏、风电等可再生能源，探索可再生能源发展与流域治理、生态修复、特色产业发展有机融合的新模式。建立健全生态产品价值实现机制和重要流域生态保护补偿机制，稳步实施重要生态系统和生态功能重要区域生态保护补偿。

（五）推动资源型地区加快转型

《规划》明确，要促进各类资源型地区特色发展，支持资源枯竭城市因地制宜发展接续替代产业，深入推进采煤沉陷区综合治理，引导独立工矿区改造提升，鼓励资源富集地区创新发展，推进资源开发与转型，并设置了资源型地区培育接续替代产业发展专栏和资源型地区转型重大工程专栏。规划提出，统筹推进资源开发与转型发展，延伸资源型产业链条，支持传统产业与新兴产业深度融合，打造若干特色产业，促进接续替代产业集聚发展。

（六）支持老工业城市转型升级

《规划》提出，要积极推动以人为核心的新型城镇化，建设产业名城、打造生活秀带，推动老工业区改造，支持全国 120 个老工业城市经济整体转型。《规划》明确，支持老工业城市做精做强支柱产业，建设产业名城。开展工业遗产资源认定管理，推进重点保护展示，加大开发利用，打造生活秀带。创新产城融合模式，继续实施老工业区搬迁改造，更好地激发老工业城市经济活力和创造力。

三、《规划》进一步完善了实施保障措施

《规划》鲜明指出，特殊类型地区振兴发展要坚持加强党的全面领导，充分发挥党领导全局、协调各方的作用，把党的领导始终贯穿特殊类型地区振兴发展全过程和各领域各方面各环节。进一步健全区域战略统筹、市场一体化发展、区域合作互助、区域利益补偿等机制，完善特殊类型地区差别化绩效评估体系，根据不同类型地区特征设定考核指标。继续依托特殊类型地区有关部际联席会议制度，统筹协调推进振兴发展重大事项。同时，要求按照中央统筹、省负总责、市县抓落实的工作机制，明确特殊类

型地区振兴发展的主体责任，积极鼓励各方广泛参与形成合力，推动特殊类型地区振兴发展。

《规划》以深化重点领域改革创新为主线，以完善基础设施和基本公共服务为基础，以统筹支持试点示范和重点园区建设为带动，以强化差别化支持政策为依托，提出了涉及营商环境、行政管理、生态文明、对口帮扶、基础设施、公共服务、民生保障、产业转型、对外合作、特色园区、消费带动、资金支持、土地保障、人才就业等方面的有含金量的政策举措。《规划》明确，要持续推动对口支援、对口帮扶、对口协作、对口合作，促进各区域共同发展。支持区域中心城市优化辖区结构，推动符合条件的县有序设市，严格控制县（市）改区。继续实施中央国家机关及有关单位对口支援赣南等原中央苏区，继续支持安排中央单位干部赴革命老区重点城市挂职。完善财政转移支付制度，向欠发达地区、边境地区、革命老区等特殊类型地区重点民生领域倾斜。中央预算内投资、地方政府专项债券等资金对符合条件的特殊类型地区基础设施等项目加大支持力度，重点支持脱贫地区、革命老区、边境地区项目建设。继续支持产业转型升级示范区建设，培育发展特色产业园区，建设先进制造业基地和区域性中心城市，并延续了支持示范区的重点政策。

《规划》作为党中央、国务院批准的第一个特殊类型地区振兴发展五年规划，对做好“十四五”时期特殊类型地区振兴工作，整体谋划好 2035 年前特殊类型地区发展工作，均具有重大的指导作用。《规划》明确，要加强对特殊类型地区的工作指导，加大支持力度，细化具体支持政策，帮助协调解决跨区域、跨行业重大问题。下一步，建议各地区各部门认真落实《规划》和《规划》系列配套政策文件，形成支持“十四五”支持特殊类型地区振兴发展的合力。

守正创新，承上启下，开启革命老区振兴新篇章*

党的十八大以来，在党中央、国务院的坚强领导下，在各地区、各部门的共同努力下，革命老区如期打赢脱贫攻坚战，与全国同步全面建成小康社会。脱贫摘帽不是终点，而是新生活、新奋斗的起点。2021 年 11 月，国家发展改革委联合农业农村部、国家乡村振兴局、教育部、科技部、财政部、住建部、商务部、文旅部等 15 个部委，印发了《“十四五”支持革命老区巩固拓展脱贫攻坚成果衔接推进乡村振兴实施方案》（以下简称《方案》）。这是贯彻落实党中央、国务院关于革命老区振兴发展重要部署的务实举措，也是深入贯彻落实国务院《关于新时代支持革命老区振兴发展的意见》以及《“十四五”特殊类型地区振兴发展规划》的具体行动。

一、《方案》是新发展阶段革命老区振兴政策体系的重要组成

2021 年以来，国家先后出台了《关于新时代支持革命老区振兴发展的意见》《“十四五”特殊类型地区振兴发展规划》等多个涉及革命老区振兴的指导性文件，明确提出要支持革命老区巩固拓展脱贫攻坚成果，推动革

* 作者田煜，正高级经济师，中国国际工程咨询有限公司战略咨询部处长。原文发布于国家发展改革委微信公众号。

命老区实现高质量发展。《方案》紧扣这些文件，以脱贫攻坚的体制机制推进乡村振兴，以乡村振兴的生动实践巩固脱贫攻坚成果，进一步延展了新发展阶段支持革命老区振兴的政策空间。

《方案》明确了政策支持范围，重点支持全国12个重点革命老区，兼顾其他革命老区市县。《方案》立足新发展阶段，充分结合各个革命老区的特点，聚焦重点区域、重点领域、重点人群，以把革命老区建设得更好、让老区人民过上更好生活，逐步实现共同富裕为总目标，以扎实推进农业农村现代化，促进新型城镇化高质量发展为实现路径，科学谋划了革命老区巩固拓展脱贫攻坚成果衔接推进乡村振兴的政策举措。

二、《方案》聚焦“三个着力”、突出“十三个侧重”

（一）着力健全帮扶机制

《方案》将健全革命老区脱贫地区长效帮扶机制作为着力点，突出四方面的侧重内容。

一是侧重健全防止返贫动态监测和帮扶机制。以跟踪监测收入变化和“两不愁三保障”巩固情况为重点，坚持就业优先，支持革命老区开发乡村振兴公益性岗位，帮助脱贫家庭主要劳动力稳定就业。充分发挥农村基层党组织战斗堡垒作用，对重点村继续选派第一书记和工作队，建立健全扶贫项目资产长效运行管理机制。

二是侧重加大易地扶贫搬迁后续扶持。以西部地区、原深度贫困地区、大型特大型安置区为重点，加大就业需要、产业发展和后续配套设施建设提升完善等扶持力度，持续完善安置区基础设施、产业园区配套设施、公共服务设施，支持革命老区开展好易地扶贫搬迁安置区就业帮扶专项活动。

三是侧重深入实施以工代赈和消费帮扶。加大以工代赈支持力度，以农村劳动力特别是脱贫人口、易返贫致贫监测对象和其他低收入人口为赈济对象，以建设家园、增加收入为主要赈济模式，以建设农村基础设施为重点，有序拓展以工代赈政策实施范围和建设领域、赈济模式；开展消费帮扶，推进特色农产品产销对接，促进群众稳定增收。

四是侧重集中支持一批革命老区乡村振兴重点帮扶县。支持西部地区革命老区乡村振兴重点帮扶县建设，支持赣闽粤、大别山、湘赣边、海陆丰、琼崖、浙西南、沂蒙、太行等东中部革命老区所在省（区、市）自主选择确定重点帮扶县，落实差别化支持政策。

（二）着力推动城乡融合

《方案》因地制宜明确了革命老区20个重点城市和部分重点县城的目标定位，并将推动革命老区城乡融合发展作为着力点，突出四方面的侧重内容。

一是侧重大力实施乡村建设行动。加快推进革命老区宜居宜业美丽乡村建设，支持规范开展全域土地综合整治，持续完善农村基础设施，开展农村人居环境整治提升行动，支持左右江革命老区边境地区村镇建设。支持革命老区发展特色富民产业，促进群众就地就近就业和增收致富。

二是侧重推进革命老区重点县城建设。明确重点县城支持范围，加快县城补短板强弱项，完善城镇基础设施，加快老旧小区改造，增加综合承载能力。加快革命老区县域经济发展，统筹城乡公共基础设施建设，推进基本公共服务常住人口全覆盖。

三是侧重支持革命老区重点城市发展。加强与城市群和中心城市合作，明确差异化发展定位，支持20个重点城市根据自身条件和基础，加快建设省域副中心城市、省际交界地区节点城市、城市圈节点城市和特色产业基地。

四是侧重加强基本公共服务和公共基础设施建设。聚焦老区群众普遍关注的教育、卫生健康等民生问题和铁路、公路、机场、能源、水利、信息等基础设施，持续加大扶持力度。

（三）着力促进产业发展

《方案》将支持革命老区特色产业发展作为着力点，突出五方面的侧重内容。

一是侧重加快推进农业现代化。支持革命老区创建优势农产品品牌，建设水稻、小麦、杂粮、茶叶、中药材、木本油料、果业、健康水产、畜禽养殖及蔬菜等高质量农产品综合供应基地。立足各革命老区农业资源多样性和气候适宜优势，支持现代农业发展。加快革命老区大中型灌区续建配套与现代化改造，有序推进重大水利工程建设。

二是侧重加快发展特色制造业。立足各革命老区资源禀赋和区位优势，支持赣闽粤原中央苏区建设稀土科研平台和有色金属产业基地，陕甘宁、太行等革命老区加快推动能源资源产业集约节约利用，大别山、川陕、湘鄂渝黔、湘赣边、浙西南等革命老区大力发展电子信息、农产品加工、清洁能源和绿色产业，左右江建设特色资源精深加工基地，海陆丰、琼崖、沂蒙等因地制宜发展特色新兴产业。

三是侧重培育发展特色服务业。衔接落实“十四五”革命老区红色文化旅游实施方案，推进“红”“绿”产业融合，打造高品质旅游基地。实施“快递进村”工程，加快建设县乡村三级物流体系，优先布局多功能农村综合商贸服务中心，搭建网上销售平台，鼓励临沂等城市发展商贸物流业。

四是侧重加强产业园区和产业平台建设。统筹推动革命老区各级各类开发区空间整合和体制创新，优先支持延安、信阳、遵义等重点城市创建国家级开发区。引导支持社会资本到老区投资兴业，优先支持革命老区创建产业示范园区，打造一批农业产业强镇和特色优势产业集群。

五是侧重加快绿色转型发展。衔接落实“十四五”革命老区生态环境保护实施方案，指导和支持革命老区统筹推进生态环境保护和修复，支持吉安、安康等探索生态产品价值实现机制，健全新安江流域、东江流域等横向生态补偿长效机制，推进金寨、泰宁、井冈山、琼中、赤水等生态综合补偿试点县建设。

三、发挥政策合力，确保《方案》落地见效

15 个部委在《方案》中，明确了一批支持革命老区巩固拓展脱贫攻坚成果衔接推进乡村振兴的含金量较高的政策，重点是在资金、投资、金融、用地、人才等方面给予革命老区倾斜。同时，注重完善针对革命老区的帮扶机制，提出中央国家机关及有关单位要加大对口支援和定点帮扶的工作力度，相关省（区、市）要建立省直机关单位对口支援帮扶机制，东部地区经济强县、经济新区要加强与革命老区的合作，引导中央企业、社会力量、相关媒体参与革命老区振兴。

探索革命老区省际交界区域协同合作发展的新模式 *

湘赣边区域是湘鄂赣、湘赣革命老区的中心区域，是秋收起义、湘南起义、平江起义的发生地和井冈山精神的诞生地，也是长江流域重要的生态屏障，具有鲜明的“红”“绿”融合的区域特征。党的十八大以来，湖南、江西两省积极探索跨省区域合作，湘赣边区振兴发展取得了明显成效，特别是跨省合作取得明显进展，但区域内大部分县市经济发展水平仍然低于本省平均水平。

湘赣边区域既是重要的革命老区，也是生态敏感地区和省际交界地区，建设湘赣边区域合作示范区，有利于传承弘扬红色文化，继承革命传统，赓续红色血脉，为全国革命老区高质量发展探索新路径；有利于完善省际交界地区合作机制，促进巩固拓展脱贫攻坚成果与乡村振兴有效衔接，推进以县城为重要载体的新型城镇化建设，为中部地区协同发展探索新模式。

《湘赣边区域合作示范区建设总体方案》（以下简称《方案》）的出台，是贯彻落实习近平总书记关于革命老区振兴发展重要指示批示的有力举措，也是深入落实《中共中央 国务院关于新时代推动中部地区高质量发展

* 作者窦皓。原文发布于国家发展改革委微信公众号。

的意见》、国务院《关于新时代支持革命老区振兴发展的意见》以及国家《“十四五”特殊类型地区振兴发展规划》的具体措施。在建党一百周年之际，出台《方案》承上启下，恰逢其时。

一、革命老区振兴发展和省际交界地区合作发展的重要举措

2021年2月，国务院印发《关于新时代支持革命老区振兴发展的意见》（国发〔2021〕3号），明确了赣闽粤、陕甘宁、大别山、左右江、川陕、湘赣边等12个革命老区振兴发展的目标定位，明确要求引导赣南等原中央苏区与湘赣边区域协同发展。2021年9月，国务院批复了《“十四五”特殊类型地区振兴发展规划》，明确了12个革命老区的规划范围和发展路径，明确要建设湘赣边区域合作示范区。国家《国民经济和社会发展第十四个五年规划和2035年远景目标纲要》明确指出，要深入实施区域协调发展战略，提升区域合作层次和水平，支持省际交界地区探索建立统一规划、统一管理、合作共建、利益共享的合作新机制。在这样的背景和要求下，有关部门支持湖南省、江西省研究制定了《方案》。《方案》以习近平新时代中国特色社会主义经济思想为指导，聚焦巩固拓展脱贫攻坚成果，传承弘扬红色文化，完善省际交界地区合作机制，提出了系统性支持湘赣边区域合作示范区发展的政策措施，为探索革命老区振兴发展新路径、中部地区高质量发展新模式、省际交界地区协同发展新经验提供了行动指南。

二、聚焦省际合作明确示范区发展目标定位

《方案》按照《“十四五”特殊类型地区振兴发展规划》的要求，明确了湘赣边区域合作示范区的建设范围，涵盖湖南、江西两省交界的24个

县（市、区），总面积5.05万平方千米，立足新发展阶段，完整、准确、全面贯彻新发展理念，充分结合示范区县域特色，制定了“核心带动、南北联通、东西互动”的发展路径，构建了“一核两区四组团”的区域发展蓝图。《方案》明确以打造全国革命老区振兴发展的先行区、省际交界地区协同发展的样板区、绿色发展和生态文明建设的引领区为总目标。在此基础上提出，到2025年，示范区综合实力明显增强，红色文化保护利用不断加强，生态保护补偿机制更加健全，探索积累和复制推广一批革命老区高质量发展的新经验；到2035年，湘赣边区域合作发展取得显著成效，形成红色文化繁荣、基础设施完善、产业发展协同、生态环境优美、基本公共服务均等、人民生活幸福的革命老区发展新局面。

三、以“六个协同”为抓手打造区域合作新典范

（一）以协同保护运用为抓手，传承弘扬红色文化

《方案》提出加强湘赣边革命文物保护利用，统筹推进长征国家文化公园和长征革命文物保护利用片区建设，开展革命文物普查认定，实施革命文化整体利用工程和烈士纪念设施提质改造工程，构建湘赣边区域红色教育培训联合体。围绕促进红色旅游高质量发展提出，加快完善交通基础设施和公共服务设施，共同打造湘赣边区域红色旅游品牌，推进红色旅游与其他产业融合发展，支持创建国家高等级旅游景区。

（二）以协同发展为抓手，促进产业联合创新

《方案》提出，要重点围绕现代农业、特色优势制造业、现代服务业及产业园区等4个方面促进产业协同创新发展。在现代农业方面，大力推

进高标准农田建设，布局一批绿色循环优质高效特色农业促进项目，推进特色农产品优势区和农村产业融合发展示范园建设，建立农业细分领域产业技术创新战略联盟，共同培育树立“湘赣红”农产品区域公用品牌形象。在特色优势制造业方面，培育若干特色鲜明和产业链长的支柱产业，建设全国烟花爆竹转型升级集中区，升级改造陶瓷、电瓷、玻璃产业，有序发展绿色低碳产业，提升发展新材料产业。在现代服务业方面，推进现代物流业协同发展，培育中药材发展新型业态，打造生物医药产业链。在共建产业园区方面，鼓励萍乡、宜春与长沙、株洲等地跨省合作建设区域示范产业园，探索建立产业互补、项目共建、利益共享和成本分担的园区共建机制，积极承接粤港澳大湾区、长三角区域产业转移。

（三）以协同推进为抓手，加快城乡融合发展

《方案》提出，支持示范区结合实际统筹推进美丽乡村、特色村落、特色民居、乡村公园建设和水系联通，着力改善农村人居环境。开展新型农房建设，扎实推进农村厕所革命，做好农村垃圾分类减量和资源化利用合作，落实农村环境长效管护机制。要合理确定各类县城功能定位，加快补齐公共服务设施、市政公用设施、产业配套设施短板，支持新型基础设施建设，提升政务服务标准化、规范化、便利化水平，强化县城综合服务能力和乡镇服务农民功能，提升城镇综合承载能力。

（四）以协同治理为抓手，筑牢绿色生态屏障

《方案》着眼共筑长江流域绿色生态屏障，按照国家统一部署，统筹划定“三区三线”，加强重点生态功能区保护和修复，强化河、湖长制，全面推进林长制，实施生态保护和治理工程，支持建设绿色矿山。同时，瞄准提升污染联防联治能力，提出完善生态环境分区管控体系，加强固体

废物、水环境、大气污染治理，推进绿色制造和清洁生产，改善区域环境质量。还要求探索生态产品价值实现机制，提升生态系统碳汇增量，探索多元化市场化生态保护补偿机制，落实自然资源资产有偿使用制度。

（五）以协同谋划为抓手，加快基础设施互联互通

《方案》强调，依托重大交通干线及城镇布局，拓展与长江中游城市群及长沙、南昌等城市的合作，加快基础设施互联互通，完善综合交通运输体系。《方案》明确提出，要加快推进长沙至赣州高铁前期工作，规划研究建设兴义经永州、郴州至赣州铁路（郴赣段），衡阳经茶陵至吉安铁路扩能改造，沪昆高速公路部分路段扩容工程等项目，统筹红色旅游资源，常态化开行旅游列车，结合发展需求提升井冈山、宜春等机场综合保障能力，有序推进通用机场建设。同时，不断增强能源资源保障能力，支持具备条件的县市发展风能、光伏等清洁能源，加快推进相关天然气干线管道及配气管网建设，完善水利基础设施，统筹推进防洪排涝、河流治理、山洪防治、水库除险加固，以及城乡供水一体化和农村供水规模化工程建设。

（六）以协同共建为抓手，优化公共服务供给

教育文化方面，优化教育文化资源配置，推进义务教育薄弱环节改善与能力提升工作，大力发展具有湘赣边区域特色的职业教育和高等教育，支持示范区单位申报国家重大工程和引智项目、建立院士工作站和博士后科研工作站。卫生健康方面，加快县乡村医疗卫生机构标准化建设，积极推进县域医共体建设，支持中医药特色专科发展，促进专科能力提升和医疗资源共享，打造一批医疗康养基地。就业和社会保障方面，建立统一的区域人力资源市场和信息服务平台，加大示范区乡村人才培育工程、三支

一扶等专项人才培养实施力度，统筹推进示范区养老、失业保险、医疗保障等方面的政策，推动建立多主体供给、多渠道保障、租购并举的住房制度，推进示范区各城市住房公积金区域合作。

四、以改革创新为动力确保《方案》顺利实施

《方案》将深化重点领域改革作为湘赣边区域合作示范区建设的根本动力，提出了涉及营商环境、高速公路收费、城镇土地开发利用、农村宅基地和房屋权属分配、农村集体经济管理、农村产权流转交易等多项具体改革措施，并将示范区建设重大事项纳入赣南等原中央苏区振兴发展部际联席会议议事内容，支持将示范区重大工程纳入革命老区振兴发展年度工作要点。

《方案》注重加大政策资金支持力度。一方面明确，落实中央国家机关及有关单位对口支援赣南等原中央苏区工作方案，支持中央国家机关、企事业单位与示范区相关县市开展干部双向挂职。另一方面提出，加大对示范区转移支付力度，将示范区符合条件的重大公益性项目纳入地方政府专项债券支持范围，中央预算在重大项目建设等方面对示范区给予倾斜，以及一系列金融支持举措。同时，《方案》强调湖南省、江西省人民政府要落实主体责任，切实加强对示范区建设的组织领导，建立健全示范区建设省际、省内工作协调机制，编制重点领域实施方案，细化落实年度重点任务。

“十四五”时期革命老区高质量发展的相关建议*

革命老区是党和人民军队的根，是中国人民选择中国共产党的历史见证。革命老区大部分位于多省交界地区，很多仍属于欠发达地区。为加大对革命老区支持力度，2012 年以来国务院先后批准了支持赣南等原中央苏区和陕甘宁、左右江、大别山、川陕等革命老区振兴发展的政策文件，部署实施了一批支持措施和重大项目，助力革命老区如期打赢脱贫攻坚战，持续改善基本公共服务，发挥特色优势推进高质量发展，为全面建成小康社会做出了积极贡献。

2021 年 2 月，国务院印发《关于新时代支持革命老区振兴发展的意见》（国发〔2021〕3 号），作为新时代支持革命老区全面振兴发展的政策指引，支持革命老区在新发展阶段巩固拓展脱贫攻坚成果，开启社会主义现代化建设新征程。但目前革命老区发展不平衡不充分问题仍较为突出，“把老区建设得更好，让老区人民过上更好的生活”、实现共同富裕的目标任重道远，需要立足老区实际，持续贯彻新发展理念，探索适宜自身发展的高质量发展路径。

---

* 作者王琤、田煜。王琤，高级经济师，中国国际工程咨询有限公司战略咨询部副处长。

一、我国重点革命老区发展概况及特点

“十三五”时期我国革命老区振兴发展的主要任务是脱贫攻坚，工作范围重点涉及赣闽粤、陕甘宁、大别山、川陕、左右江 5 个跨省革命老区，以及分布在武陵山、秦巴山、滇桂黔石漠化、六盘山、吕梁山、燕山—太行山、大别山、罗霄山等 8 个集中连片特困地区中的 229 个老区县。

（一）5 大重点革命老区区域概况及特点

赣闽粤、陕甘宁、大别山、川陕、左右江 5 个跨省革命老区是“十三五”时期我国革命老区振兴政策支持体系的重点区域，共涉及 364 个老区县，总面积 84.56 万平方千米，占我国陆地总面积的 8.81%。总体来看，5 个重点革命老区大都分布在中部地区，多为区域重要生态屏障，农林资源丰富，具有矿产和有色金属资源优势，处于周边城市群或经济带的交界地，具有明显的地域特点，也同时具有较多发展局限。

表 1　5 个重点革命老区概况

革命老区	省、县	面积（万平方千米）	地域特点	资源特征
赣闽粤	江西、福建、广东三省的 108 个县	21.8	1. 三省连接地带 2. 内陆欠发达区域	1. 长江水系与珠江水系交汇 2. 重点林区和重要生态屏障 3. 农产品丰富
陕甘宁	陕西、甘肃、宁夏三省（自治区）的 67 个县（市、区）	19.2	1. 位于鄂尔多斯盆地 2. 西煤东运、西气东输和西电东送的重要通道	1. 土地、沙地、荒滩占地较多，植被覆盖率较低 2. 干旱少雨 3. 煤炭等矿产资源丰富

续表

革命老区	省、县	面积（万平方千米）	地域特点	资源特征
大别山	安徽、湖北、河南三省的61个县（市、区）	10.86	1. 位于中原腹地 2. 毗邻武汉城市圈、中原经济区、皖江城市带、鄱阳湖生态经济区	1. 粮食主产区 2. 生态功能区 3. 重要水源地
川陕	四川、陕西、重庆三省（市）的68个县（市、区）	15.7	1. 连接西南西北、西部中部 2. 南北气候的重要分界线 3. 毗邻成都经济区和关中—天水经济 4. 连接“长江经济带”和“丝绸之路经济带”	1. 矿产资源丰富 2. 天然气资源丰富 3. 水利资源藏量丰富 4. 生态、气候条件优越
左右江	广西、贵州、云南三省（自治区）的60个县（市、区）	17	1. 地处左江、右江、红水河三江交汇处 2. 华南、西南和东盟经济圈交汇的中心地带 3. 民族地区、革命老区、边境地区、典型山区、贫困地区、水库移民区	1. 土地超50%为喀斯特地貌 2. 土地1/4为石漠化地形 3. 耕地少，生态环境极为脆弱，同时为西南重要要水系 4. 有色金属资源丰富 5. 农林资源富集

赣闽粤革命老区紧邻我国东南沿海地区，是土地革命战争时期中国共产党创建的最大最重要的革命根据地，是人民共和国的摇篮和苏区精神的主要发源地。赣闽粤原中央苏区地处长江水系与珠江水系之间，是赣江、闽江、东江、抚河、信江、九龙江、汀江、梅江等重要河流的源头地区，也是我国南方重点林区和重要的生态屏障。赣闽粤原中央苏区生态基础良好，但当前面临着水土流失、河流源头水质恶化、矿山地质环境问题加剧、大气和重金属污染严重等生态环境问题。赣闽粤原中央苏区特色产

品全国闻名，矿产资源蕴藏量丰厚。赣闽粤原中央苏区享有“中国蜜橘之乡”“中国脐橙之乡”等称号，农产品销往全国各地。苏区以江西省赣州市为核心，素有“世界钨都”和“稀土王国”的美誉，稀土、钨、钽铌、铅锌、铀、锂、金、铜、高岭土等矿产资源储量位居全国前列。赣闽粤原中央苏区是中国红色文化的一面旗帜，红色资源丰富，江西赣州有中国革命摇篮瑞金、将军县兴国、红军长征第一渡于都，福建龙岩有古田会议旧址、福建省苏维埃旧址，广东梅州有叶帅故居等。

陕甘宁革命老区位于鄂尔多斯盆地，是中国共产党在土地革命战争时期创建的红色革命根据地，既是党中央和中国工农红军长征的落脚点，又是八路军奔赴抗日前线的出发点。陕甘宁革命老区区位独特，是我国西煤东运、西气东输和西电东送的重要通道，包兰线、西包线等铁路，国道110、210、312线等高速公路都在此经过。陕甘宁革命老区是5个重点跨省革命老区中人口密集度最低的地区，土地、沙地、荒滩占地较多，植被覆盖率较低，干旱少雨的气候条件下长期水资源不足，土质疏松，水土流失问题严重，生态环境整体较为脆弱。陕甘宁革命老区是我国新旧能源高度集中地之一，目前已成为仅次于山西、内蒙古的国家级能源综合基地，是我国“西电东送”的重要基地之一。陕甘宁革命老区位于鄂尔多斯盆地，煤炭、石油、天然气等化石能源蕴藏量丰富；岩盐、石灰岩等矿产资源品位高、埋藏浅、易开发；风能、太阳能等清洁能源潜藏量丰硕。陕甘宁革命老区孕育了延安精神、长征精神及毛泽东思想，是全国革命传统教育和爱国主义教育基地。

大别山革命老区位于我国大陆中央腹地，是土地革命战争时期全国第二大革命根据地——鄂豫皖革命根据地的中心区域。大别山革命老区地处我国中原腹地，北带淮河，南控长江，西扼京广铁路，东制江淮平原，地理位置优越。从经济区位看，位于河南、湖北、安徽三省省会城市之间，是武汉城市圈、中原经济区、皖江城市带、鄱阳湖生态经济区的连接地带。大别山革命老区的定位为粮食主产区、生态功能区和库区“三区合一”，是我国重要水源地，是国家重要的粮油生产基地和特色农产品产区，是安徽省野生动植物资源宝库之一，是长江、淮河中下游地区重要的生态屏障。大别山革命老区生态旅游资源丰富，森林覆盖率在30%以上，境内包含天堂寨风景区在内的数十家闻名全国的4A级及以上景区。大别山革命老区被誉为“红军摇篮”“将军故乡”，诞生了多支红军主力部队，走出了400多位共和国将帅，是全国重要的红色教育基地、旅游目的地和历史文化名人富集区。大别山革命老区内红色文化浓厚，是红安县和金寨县两大全国闻名的将军县的坐落地，是六霍起义、黄麻起义、商南起义和立夏节起义等重要革命起义的纪念遗址，是中原突围和挺进大别山的革命战争的历史见证。

川陕革命老区位于川陕渝交界的秦岭和大巴山区，是中国共产党领导的红四方面军在川陕边界建立的革命根据地，是土地革命战争时期第二大苏区。从自然地理位置看，川陕革命老区地处川陕渝接合部，是连接我国西南西北、沟通西部中部的重要桥梁。老区地处的秦巴山地也是我国南北气候的重要分界线，是南北旅游的对接地区。从经济地理位置看，川陕革命老区位于成都经济区和关中—天水经济区两大国家级经济区之间，是连接“长江经济带”和“丝绸之路经济带”的重要通道。川陕革命老区矿产、天然气、水利资源藏量丰富，生态、气候条件优越。汉中、巴中、广元等地是中国重要的有色金属、贵重金属矿藏区；川陕革命老区天然气资源富集，是我国西气东输主要气源点和干线之一；川陕革命老区是长江上游重要水源涵养区的重要组成部分，其中陕南是国家南水北调中线工程的水源区；秦巴山地境内森林茂盛，有“中华绿肺”之称，是我国重要的生物多样性生态功能区。川陕革命老区是国家爱国主义教育基地、国防教育基地，红色标语与政策法令的石刻、土地革命时期纸质报刊、红军戏剧民谣山歌等形式的文艺作品、纸布铜银锡币等种类的货币、革命根据地遗址遗迹、名人故居纪念堂馆、战史陈列馆等红色文化资源丰富。

左右江革命老区位于我国南疆边陲，是中国共产党在土地革命战争时期最早创建的革命根据地之一，是百色起义的发源地，集民族地区、革命老区、边境地区、典型山区、贫困地区、水库移民区于一体的特殊地区，有壮、瑶、苗等 7 个世居民族。左右江革命老区地处左江、右江、红水河三江汇聚之地，是联通珠江—西江黄金水道的重要枢纽，对内承接北部湾经济区与珠江—西江经济带，对外与越南、老挝、缅甸等东盟国家毗邻，是“一带一路”战略的重要节点，也是华南、西南和东盟经济圈交汇的中心地带。左右江革命老区一半以上的土地为喀斯特地貌，拥有闻名世界的天然景观，但 1/4 的土地为石漠化地形，耕地资源较少，生态环境极为脆弱。右江贯穿百色市东西，森林覆盖率较高，是国家生物多样性的重要宝库之一，也是西南重要水系——珠江流域重要的生态屏障。左右江革命老区有色金属资源丰富，农林资源富集，是国家重要的“西电东送”能源基地、有色金属产业基地和特色农业产品基地。百色市的铝土矿资源储量占全国的 1/4 以上，矿体埋藏浅、质量高；河池市锡金属储量占全国的 1/3 以上，铟金属储量世界第一，锑和铅锌金属储量居全国第二，是国家火炬计划有色金属新材料特色产业基地；崇左市被誉为“中国糖都”“中国锰都”和“中国红木之都”。

（二）8 个集中连片特困老区概况及特点

2011 年底以来，国家发展改革委和国务院扶贫办牵头，组织编制了全国集中连片特困地区区域发展与扶贫攻坚规划，其中的武陵山区、秦巴山区、滇桂黔石漠化区、六盘山区、吕梁山区、燕山—太行山区、大别山区、罗霄山区8个集中连片困难地区，同时也是老区集中分布的地区。8大片区地跨我国安徽、甘肃、广西、贵州、河北、河南、湖北、湖南、江西、内蒙古、宁夏、青海、山西、陕西、四川、云南、重庆等17个省（区、市）的415个县（区），涉及229个革命老区县。

总体来看，地处8大片区的革命老区区域，全部为跨省片区，基本覆盖了全国绝大部分老区贫困地区和深度贫困群体，多数地区经济增长无法有效带动这些地区的发展，在人才、劳动力、技术、基础设施建设等方面仍存在明显不足，资源禀赋与开发能力不匹配，经济和特色产业发展水平低，且大都面临市场体系不健全、招商引资能力弱、资源优势难以转化成为现实的经济效益等发展困境。具体的地域特点和资源特征如表2所示。

表2　8个革命老区片区概况

片区	老区省、县	地域特点	资源特征
武陵山区	湖北、湖南、重庆、贵州4省（市）41个县	1. 跨省交界地区 2. 集贫困地区、民族地区和革命老区于一体	1. 水能、风能、太阳能、生物质能蕴藏量较大 2. 矿产资源品种多样 3. 我国亚热带森林系统核心区 4. 长江流域重要的水源涵养区和生态屏障区
秦巴山区	河南、湖北、重庆、四川、陕西、甘肃6省47个县	1. 多省交界区 2. 集革命老区、三峡库区和自然灾害（地震、泥石流）频发区、生态保护区于一体	1. 毗邻关中—天水经济区、成渝经济区、武汉城市圈和中原经济区 2. 多为丘陵地带，气候类型多样 3. 水系发达、矿产资源和旅游资源丰富

续表

片区	老区省、县	地域特点	资源特征
滇桂黔石漠化区	广西、云南2省34个县	地处云贵高原东南部及其与广西盆地过渡地带，南与越南接壤	1. 重要的生态功能区 2. 石漠化治理区 3. 水能资源、矿产资源和生物资源丰富 4. 生态条件十分脆弱
六盘山区	陕西、甘肃、宁夏3省12个县	地处黄土高原中西部及其与青藏高原过渡地带	1. 干旱缺水 2. 煤炭、石油、天然气等能源资源丰富 3. 风能、太阳能等开发潜力大 4. 铅锌矿、石灰岩、岩盐等矿产资源储量较大
吕梁山区	山西、陕西2省共20个县均为革命老区县	1. 地处黄土高原中东部，西接毛乌素沙地，东跨吕梁山主脉 2. 毗邻太原城市群、呼包银榆经济区和陕北能源化工基地	1. 黄土丘陵沟壑区，生态失衡严重 2. 发展高度依赖于能源与矿产资源 3. 生产加工业及煤炭物流等相关服务业
燕山—太行山区	河北、山西、内蒙古3省25个县	1. 地处燕山和太行山腹地 2. 属内蒙古高原和黄土高原向华北平原过渡地带 3. 紧邻京津地区，区位优势突出	1. 地形地貌多样，森林、湿地、草地等生态旅游资源丰富 2. 海河、滦河重要水源涵养区 3. 石墨、膨润土、煤炭、钒钛等矿产资源较为丰富 4. 风能、太阳能等清洁能源具有开发潜力
大别山区	安徽、河南、湖北3省27个县	1. 地处鄂豫皖交界地带，北抵黄河，南临长江 2. 地处中原经济区、皖江城市带和武汉城市圈交汇带 3. 处于承接沿海地区产业转移的前沿	1. 劳动力资源丰富，人口密度大 2. 交通运输骨干网络较为完善 3. 处于承接沿海地区产业转移的前沿

续表

片区	老区省、县	地域特点	资源特征
罗霄山区	江西、湖南2省共23个县（区）均为革命老区县	1. 地处罗霄山脉中南段及其与南岭、武夷山连接地区 2. 连接鄱阳湖生态经济区、环长株潭城市群和海峡西岸经济区 3. 内地连接粤港澳与厦漳泉地区的重要通道	1. 湘江的重要水源补给区 2. 森林覆盖率为72% 3. 矿产资源富集 4. 钨、稀土、钽铌等稀有金属储量丰富

其中，武陵山片区是全国首个集中特困连片地区扶贫的先行试点片区，水能、风能、太阳能、生物质能蕴藏量较大，矿产资源品种多样，铅、锌、锑、锰矿石储量及汞金属储量居全国前列，是我国长江流域重要的水源涵养区和生态屏障区。

秦巴山片区集革命老区、大型水库（三峡）库区和自然灾害（大型地震）频发区于一体，经济发展相对薄弱，地理位置封闭、交通制约突出、泥石流等自然灾害频发、生态建设任务重，区域发展差异大、科技支撑乏力、农户抵御市场风险能力弱，经济发展阻力较大。

滇桂黔石漠化片区既是重要的生态功能区，也是关键的石漠化治理区，片区内水利建设滞后，骨干水利工程及其配套设施明显不足，交通主干网络不完善，人均教育、卫生、社会保障和就业三项支出明显低于全国平均水平。

六盘山片区煤炭、石油、天然气等能源资源丰富，风能、太阳能等新能源开发潜力大，铅锌矿、石灰岩、岩盐等矿产资源储量较大，但铁路运输能力不足，水利设施薄弱，骨干水利工程支撑城乡发展的能力明显不足，城镇供水保障程度低。

吕梁山片区地处黄土高原中东部，全域均为革命老区县。片区降水量少，生态失衡严重，属于生态脆弱区，同时开发较晚、经济基础薄弱，发展高度依赖于能源与矿产资源生产加工业及煤炭物流等相关服务业，农业生产力水平低。

燕山—太行山片区地形地貌多样，森林、湿地、草地等生态旅游资源丰富，石墨、膨润土、煤炭、钒钛等矿产资源较为丰富，但同时承担着京津风沙源治理、三北防护林、太行山绿化等重点生态建设任务，环境保护要求高。

大别山片区集革命老区、粮食主产区和沿淮低洼易涝区于一体，交通运输骨干网络较为完善，是人口密度最大的片区，洪涝与干旱等自然灾害频发且破坏性强，是我国洪涝灾害最为严重的地区之一。

罗霄山片区全域均为革命老区县，降水丰富，森林覆盖率为72%，矿产资源富集，钨和稀土、钽铌等稀有金属储量大，山洪、滑坡、塌方、泥石流等自然灾害多发，交通运输能力不足，电力供应能力不足，支撑经济社会发展能力弱。

二、“十三五”时期革命老区脱贫攻坚取得显著成效

党的十八大以来，在以习近平同志为核心的党中央坚强领导下，党中央先后出台1个总体指导意见、2个区域性政策意见、5个重点老区振兴发展规划、8个涉及老区的片区区域发展与扶贫攻坚规划，为老区的脱贫攻坚和振兴发展注入了强大的政策动力。各地区各部门认真贯彻落实党中央、国务院决策部署，在产业扶贫、教育扶贫、健康扶贫、消费扶贫、科

技扶贫等方面不断加大投入和工作力度，坚定不移地推进易地扶贫搬迁政策，老区在基础设施、特色产业、生态建设、社会事业、民生保障等方面发生了翻天覆地的变化。

至2020年底，全国贫困老区县全部脱贫摘帽，区域性贫困问题得到历史性解决。2013至2019年，赣闽粤、陕甘宁、大别山、川陕、左右江等5个革命老区农村居民人均可支配收入年均增长9.7%，比同期全国平均增幅高2.2个百分点。2017年井冈山如期率先“摘帽”，为全国592个国定贫困县中第一个宣布脱贫“摘帽”的。

（一）经济总量快速增长，民生事业取得明显成效

“十三五”时期，赣闽粤、陕甘宁、大别山、川陕、左右江等5个重点革命老区累计脱贫1400万余人，老区的综合经济实力显著增强。以江西省为例，2020年赣州市、吉安市、抚州市地区生产总值分别是2011年的2.74倍、2.47倍、2.12倍，特别是赣州市地区生产总值增速已连续5年位列全省第一，人均地区生产总值占全国平均水平，由2011年的43%提高到57%。再如福建全省70个老区苏区县（市、区），2020年地区生产总值约3.15万亿元，“十三五”期间年均增长10.73%。老区人民生活大为改善，长期困扰老区人民的住房难、喝水难、用电难、行路难、上学难、看病难等问题得到较好解决，城乡面貌日新月异，城乡居民收入大幅提高，老区人民实实在在感受到了振兴发展带来的实惠。

（二）基础设施得到极大改善

“十三五”期间通过实施一大批基础设施项目，老区地区交通、水利、能源、信息、口岸等基础设施全面强化，为老区经济社会快速发展奠定了基础。完成了一大批骨干铁路通道，加快推进公路建设，基本实现国家高

速公路全贯通，其中赣闽粤原中央苏区建成昌赣、向莆等铁路项目，新增铁路运营里程 1029 千米，赣南苏区全面迈入高铁时代；建成昌宁、广吉等一批高速公路，新增高速公路通车里程 1691 千米；完成赣州黄金机场、井冈山机场改扩建；建成抚州电厂一期、赣州西 500 千伏、樟吉赣成品油管道、峡江水利枢纽等一批能源水利项目。海南省老区在全国范围内率先实现自然村通硬化路。全国其他革命老区加快推动电网建设，实施了一大批电网升级改造工程，满足老区人民用电需求。

（三）特色产业发展水平显著提升

“十三五”期间革命老区立足实际，发挥自身资源优势，注重因地制宜、突出特色，不断壮大老区经济实力，助力脱贫攻坚和人民增收。赣南等原中央苏区围绕打造全国稀有金属产业基地、先进制造业基地和特色农产品深加工基地的定位，大力发展特色优势产业；做精做优赣南脐橙、井冈蜜柚、南丰蜜橘等特色农业。陕西省加快发展苹果、茶叶、食用菌等绿色产业。河南以千亿级、百亿级产业集群为重点，2020 年信阳、驻马店及南阳桐柏、唐河规模以上工业增加值分别增长 4%、4.7%、6.3%、6.2%，均高于全省 3—5 个百分点。

（四）生态环境明显改善

革命老区坚持“绿水青山就是金山银山”理念，立足国家重点生态功能区等重要生态定位，以绿色发展为主攻方向，因地制宜推进生态建设与经济社会协调发展，山水林田湖草保护修复试点等深入实施，生态保护补偿机制逐步健全。其中，大别山革命老区大力实施淮河干支流生态保护和修复，推动建设潢河光山段“百里画廊”等一批水系景观，做强红色研学、生态休闲、古色乡村、茶食品鉴、康养度假等产品，绿色优势正不断转化为产业优势。赣州市建立健全生态文明考评体系，实施了全流域生态补偿机制，开展了东江流域跨省上下游横向生态补偿试点、抚州生态产品价值实现机制试点。海南省组织引导13个老区县签署流域上下游横向生态保护补偿协议，不断建立健全流域上下游横向生态保护补偿机制。

（五）红色文化影响力不断提升

“十三五”期间，各省把做好革命老区红色文化传承保护工作作为老区工作的切入点，紧紧围绕打造“红色传承精神高地”目标，不断加强革命遗址和革命文物保护、大力弘扬革命文化和加强红色教育培训，统筹推进红色资源开发、阵地建设、文化研究等相关工作。同时，革命老区因地制宜挖掘红色文化、生态养生、山水田园、民族民俗、历史文化等特色资源，全面提升红色革命遗址修缮保护工作和融合发展水平，差异化培育各类旅游新业态，不断推动老区红色文化和休闲生态旅游发展。革命老区红色文化影响力不断提升，接待旅游总人数快速提升，如广西壮族自治区2019年老区接待旅客总人数1.59亿人次，较2015年增长159.5%。

三、我国革命老区振兴发展仍然存在突出短板

“十三五”时期革命老区的经济社会发展取得明显成效，但老区整体经济社会发展水平仍然较低、公共服务水平整体滞后、对外通达程度有待进一步提升的发展状况依然没有彻底改变，距离形成优势互补、高质量发展的区域经济布局的总体要求还有较大差距。尤其是地处生态敏感的地区和欠发达地区，巩固拓展脱贫攻坚成果衔接乡村振兴任务繁重，跨省区基础设施、红色文化旅游基础设施和公共服务设施有待加强。

（一）经济发展提速，但整体发展水平相对落后

近年来，老区经济持续发展，地区生产总值、财政收入、居民可支配收入不断增加，但整体发展水平仍相对落后。据初步统计，赣闽粤、陕甘宁、大别山、川陕、左右江 5 个革命老区行政区域面积占全国面积的 9%，户籍人口总数约占全国 12%，但地区生产总值仅为全国水平的 7%，人均 GDP 约为全国水平的 54%。国务院《关于新时代支持革命老区振兴发展的意见》明确提到的赣闽粤、陕甘宁、大别山、川陕、左右江、湘鄂渝黔、湘赣边、海陆丰、琼崖、浙西南、沂蒙、太行等 12 个革命老区，人均 GDP 除少数城市外，全部低于全国平均水平，大多仅为全国水平的 2/3。

（二）产业结构不断优化，但产业基础仍较薄弱

革命老区产业结构比例不断优化，第三产业比重持续上升，当地特色产业快速发展。然而，整体上来看，革命老区的产业基础仍然较为薄弱，主导产业竞争力不强，对资源的依赖度仍较高，第二产业等加工产业层次相对较低，机械装备产业基础配套能力较弱，战略新兴产业规模较小。其中陕甘宁、赣闽粤、川陕、左右江、大别山 5 个革命老区的第一产业增加值占比约为 12%，第二产业增加值占比约为 8%，人均第二产业增加值仅为全国水平的 60% 左右，产业基础相对薄弱，产业发展仍不均衡。同时，受自然、历史等因素制约，革命老区的产业平台和园区建设也相对滞后，产业发展承载力不足。

（三）基础设施不断完善，但整体建设相对滞后

随着老区经济发展提速，当地交通、水利等基础设施不断完善。但老区基础设施建设成本高、起步晚、难度大、财政收紧，使得老区基础设施

发展相对滞后。以赣闽粤原中央苏区为例，目前整个赣闽粤原中央苏区县范围内铁路运营里程约3400千米，仅占全国的2.6%；高速公路建成里程约6860千米，仅占全国的4.8%。苏区县中未通铁路县仍有21个，其中江西15个、福建3个、广东3个。

（四）民生福祉稳步提升，但公共服务供给仍显不足

近年来，老区人民生活水平显著改善，社会保障体系不断提升，社会民生事业稳步推进，基本公共服务水平明显提高。然而，教育、医疗卫生、文化、就业和社会保障的人均支出仍达不到全国平均水平，城乡公共服务水平差距较大，医疗卫生、文化教育、社会保障等基本公共服务供给不足，发展不平衡不充分问题突出。

四、“十四五”时期推进革命老区高质量发展的建议

党的十九届五中全会擘画了“十四五”时期和2035年前全面建设社会主义现代化国家的宏伟蓝图。在老区打赢脱贫攻坚战、全面建成小康社会的基础上，推进老区经济社会高质量发展，是新时代新阶段对老区振兴发展提出的新的更高要求。围绕习近平总书记对于革命老区振兴发展提出的“两个更好”重大要求，革命老区应在特色产业壮大、基础设施建设、社会事业发展、公共服务保障等方面持续提升水平，努力争取在全国高质量发展方面做到文化引领，对欠发达地区发展起到示范作用，对实现全面现代化做好保障。为此建议：

（一）进一步强化组织领导

坚持和加强党的集中统一领导，把党的领导始终贯穿革命老区高质量

建设全过程。国务院有关部门要结合自身职能，积极主动作为，加强政策协同，及时沟通和协调重要事项，推动各项任务完成和政策落实。江西省、福建省要将赣州市、三明市的革命老区高质量发展示范区建设列为本地区重点工作，完善工作机制，明确任务分工，出台配套政策，充分调动各方面干事创业的积极性，加大对重点领域和项目的支持力度，确保示范区建设取得实效。革命老区相关地市要切实担负起革命老区高质量发展的主体责任，增强使命感和责任感，认真抓好具体实施，确保各项建设任务扎实有序推进。

（二）加大财政金融政策支持

“十三五”时期革命老区经济社会有了翻天覆地的变化，但整体上经济发展水平仍然相对落后，主要经济指标人均水平整体偏低，交通瓶颈仍然存在，特色产业发展仍然不足，城镇化水平仍然较低，教育、医疗、红色文化遗产保护等短板仍较为突出，加之大部分省市历史欠账多、地方财力薄弱，项目资金筹措压力依然很大，高质量发展任务艰巨。习近平总书记多次强调，要加大对革命老区发展的扶持力度，基础设施建设、新型产业布局、社会事业发展等要向革命老区倾斜，要推进老区苏区全面振兴，倾力支持老区苏区特色产业提升、基础设施建设和公共服务保障等。为此，我们建议设立革命老区振兴发展专项支持资金，支持陕甘宁、赣闽粤、大别山、左右江、川陕、湘鄂渝黔、湘赣边等重点革命老区，以中央预算内专项资金的形式加大老区重点项目建设扶持力度。同时，国家补助资金进一步向老区项目倾斜，适度提高同类项目补助标准，为实现老区全面振兴提供资金保障。

（三）给予土地资源配置政策支持

支持革命老区开展国土空间规划、专项规划、区域规划等相关规划编制，构建高质量发展空间格局。支持老区在机场、高速公路、货运枢纽等基础设施建设、城市提升功能品质、城镇化建设、产业布局调整和新业态发展等用地需求，为经济社会发展和生态用地提供空间保障。支持革命老区实施土地综合整治试点政策，全面落实国土空间规划、区域规划和生态修复规划，优化农业生产空间、城镇建设空间和生态保护空间布局，为现代农业集中连片和规模化发展提供支撑。支持老区实施山水林田湖草生态保护修复工程试点政策，提升资源环境承载力和国土空间开发适宜性能力。对革命老区列入国家有关规划和政策文件的建设项目，纳入国家重大建设项目范围并按规定加大用地保障力度。

（四）实行差别化产业政策

革命老区地区实现高质量发展需要地方特色产业的强力支撑。革命老区地区大部分集中于中西部地区，要根据中西部地区产业发展实际，研究制定差别化产业政策，在国家产业政策允许范围内，适当放宽老区具备资源优势、有市场需求的部分行业准入限制，支持制定产业转移引导政策。加大企业技术改造和产业结构调整专项对革命老区特色优势产业发展的支持力度，对符合条件的产业项目优先规划布局，对钢铁、煤炭、装备制造、氟新材料企业实行补偿贸易政策。支持在老区地区优先布局建设能源资源加工转化利用项目，增强经济增长内生动力和自我发展能力。

（五）进一步对口支援政策支持

进一步完善对口合作工作机制，支持中央企业结合老区特色优势产业开展对口帮扶。支持“双一流”建设高校、中国特色高水平高职学校与老区开展合作共建。支持国内一流医院与老区重点医院开展对口帮扶，合作共建医联体。支持老区与中央国家机关及有关单位、重点高校、东部地区等经济发达地区开展干部双向挂职交流。同时，鼓励社会力量积极参与对口支援。

第三章

加快发展现代产业

应对“十四五”及中长期能源治理挑战*

我国经济已由高速增长阶段转向高质量发展阶段，正处于转变发展方式、优化经济结构、转换增长动力的关键期，能源作为经济发展的重要支撑和载体，其发展质量将直接影响经济发展目标的实现。当前，我国能源发展各项指标总体向好，能源消费结构逐步优化，能源供给能力显著提升，能源转型步伐明显加快，但在面对国内外复杂的能源供需格局下，我国能源安全保障形势依然严峻，技术装备仍待加强，市场机制亟须完善，节能降碳任务艰巨，推进能源治理体系和治理能力现代化任重道远。

一、“十三五”能源发展成效显著，保障经济社会较快发展

（一）能源供需形势总体平稳

“十三五”期间，我国能源消费总量得到有效控制，2020 年达到约 49.8 亿吨标准煤，年均增长 3.0%。其中，电力消费增速相对较快，全社会用电量超过 7.5 万亿千瓦时，年均增长 5.7%，电能占终端能源消费比重逐

* 作者张宗玫、伍勇旭。张宗玫，正高级工程师，中国国际工程咨询有限公司首席能源咨询师、能源业务部主任；伍勇旭，高级工程师，中国国际工程咨询有限公司业务发展部副处长。原文刊于《中国投资》2020 年 11、12 期合刊。

步提升。能源供给能力显著增强，2020 年能源生产总量达到约 40.8 亿吨标准煤。其中，天然气产量持续增长至 1925 亿立方米，非常规天然气稳步增产；原油产量达到约 1.95 亿吨，连续两年企稳回升，油气产供储销体系进一步完善；煤炭在去产能的同时有序释放先进产能，并逐步向晋陕蒙宁甘新等资源富集地区集中，当年原煤产量达到 39 亿吨；电力供需总体平衡，局部高峰时段偏紧，截至 2020 年底，全口径发电装机规模达到 22 亿千瓦，清洁能源发电装机比重超过 43%。

（二）能源转型升级步伐加快

“十三五”期间，能源消费结构持续优化，2020 年煤炭占一次能源消费比重下降至 56.8%，非化石能源消费比重提升到 15.8%，超额完成“十三五”规划目标。风电、光伏发电快速发展，2020 年装机规模分别超过 2.8 亿千瓦和 2.5 亿千瓦，开发布局向集中式与分布式并重转变；风电、光伏发电和水电等可再生能源利用率达到 95% 以上，清洁能源消纳问题得到缓解。深入推进防范化解产能过剩风险，逐步淘汰煤炭落后产能，推进煤炭优质产能释放；关停落后煤电机组，加快煤电超低排放和节能改造，并提前完成了预定目标。能源技术创新能力持续增强，非常规油气、核电、燃气轮机、百万千瓦水轮发电机组、大容量海上风电机组等领域技术装备取得重要进展。

（三）能源体制改革逐步深化

“十三五”期间，电力体制改革深入推进，电力市场化交易规模快速增长，交易电量累计达到 10.3 万亿千瓦时，基本完成省级和区域输配电价改革，发用电计划有序放开，配售电业务加快放开，电力现货市场建设试点加速推进，电力辅助服务市场实现全国覆盖。能源价格机制改革全面推进，电力市场交易价格规则逐步健全，风电、光伏发电逐步在全国范围内实行无补贴平价上网。油气体制改革步伐加快，上中下游相关配套措施正在持续推进，并组建了国家油气管网公司，促进油气管网设施互联互通和公平接入。

（四）能源基础设施逐步完善

“十三五”期间，中俄原油管道二线、中缅原油和天然气管道、中俄东线天然气管道等陆续开工和投产，东北、西北、西南和海上四大进口油气战略通道基本成型。国内骨干管网建设逐步加强，西气东输三线、陕京四线、川气东送增压工程、鄂安沧、新疆煤制气外输管道等也陆续开工和投产。主要输电通道建设步伐加快，12 条大气污染防治行动重点输电通道，以及扎鲁特—青州、酒泉—湖南、准东—安徽、青海—河南、乌东德水电外送等特高压直流输电通道基本建成，雅中—江西、白鹤滩—江苏、陕北—湖北等一批特高压直流输电通道开工建设，截至 2020 年底西电东送能力达到 2.6 亿千瓦，进一步提高了我国电力跨区域配置能力。

二、能源发展不平衡不充分依然存在，高质量发展面临挑战

（一）能源安全保障任务依然艰巨

随着我国工业化、城镇化水平逐步提高，带动石油、天然气等化石能源消费不断攀升，而国内油气资源探明储量和品质总体不高，增储上产难度逐步加大，油气产量难以跟上快速增长的消费需求，虽然近年来我国能源自给率一直保持在 80% 以上，但 2020 年的石油和天然气对外依存度已分别攀升到 73% 和 43%。考虑到国际地缘政治和围绕油气资源的战略博弈

加剧，以及新冠肺炎疫情对国际形势和产油国的影响，我国油气进口和供应安全形势依然严峻，不排除买不到、运不回的极端情况发生。预计在国内油气资源勘探开发取得显著进展或者对油气消费进行有效替代前，我国油气供需缺口还将持续扩大，油气对外依存度将在较长一段时期内维持在较高水平。

（二）能源供需格局逐步发展变化

长期以来，我国能源资源和消费中心呈逆向分布，能源总体上由西向东、由北向南流动。从未来发展趋势看，中、西部地区经济快速发展，将带动本区域能源消费大幅增长，但西部地区煤油气等化石能源资源和水风光等可再生能源资源的开发潜力较大，未来仍将是我国主要的能源输出地区；东部沿海是我国主要的煤油气进口地区，特别是海上进口原油规模超过我国石油供给量的60%，且进口规模还将持续扩大，同时东部地区又是我国最大的成品油输出地区，此外随着沿海核电、气电、新能源的快速发展，还将进一步增强东部地区的电力供给能力，未来可能形成能源资源由西部和东部沿海共同向中部地区流动的供需格局。区域能源供需格局的不断演变，将给我国未来能源发展和基础设施规划建设带来挑战。

（三）能源消费结构调整任重道远

我国一次能源消费体量大，传统化石能源所占比重较高，长期以来煤炭一直在能源结构中占据主导地位。从“十三五”时期我国非化石能源发展情况来看，风电、光伏发电发展迅猛，装机规模已远超规划目标，但长期大规模发展需要有坚强的电力系统作为支撑；水电开发进度不及预期，作为优化能源结构的主力电源，我国常规水电开工和投产进度明显放缓，水电开发条件和经济性相对较差，后续储备项目不足；核电开发时序也明显滞后，间接影响了"十四五"时期的投产进度。此外，氢能利用的经济性相对较差，产业体系还不健全，制储运关键技术亟待突破，相关产业还需要一段时间来发展成熟。总体来看，我国能源消费结构虽然在持续改善，但在达到一定水平后仍有可能面临发展瓶颈。

（四）能源市场建设面临重重阻碍

当前能源市场化建设正处于攻坚克难阶段，市场配置资源的作用尚未有效发挥，能源开发不能准确反映市场需求，能源价格不能完全体现环境效益和供求关系，能源机制不能充分适应市场化发展。建设全国统一的电力市场体系还需努力，电力交易机制和现货市场建设还需进一步推动和完善，增量配电业务改革进展缓慢且效果有限，跨省区辅助服务市场仍需要加快推进，抽水蓄能、储能电站以及其他调峰机组等辅助服务提供主体的积极性未能得到充分调动，可再生能源的绿色低碳效益未能完全体现。油气体制改革还需要深入推进，油气市场化交易和油气勘探开发机制需要进一步完善。

（五）新时代对能源发展提出新要求

党的十九大提出，我国社会主要矛盾已经转化为人民日益增长的美好生活需要和不平衡不充分发展之间的矛盾。随着国家提出的一系列重大战略相继落地，以及区域一体化、新型城镇化、乡村振兴政策的推进实施，能源在区域之间、城乡之间的协调发展尤为迫切。当前不同区域之间的能源配置和能源合作还在一定程度上存在障碍，能源保障能力与区域发展定位还不完全适应，伴随着能源产业化发展，工业、建筑、交通领域新的用能方式不断涌现，给新时代能源治理带来挑战。着力提升区域能源保障能力，切实提高农村和偏远地区能源服务水平，促进区域间能源基础设施协调发展，满足不同时段、不同强度、不同价格的个性化和多样化能源需求，成为新时代能源发展的新要求。

（六）实现碳达峰碳中和目标任务艰巨

碳达峰碳中和自主贡献目标，是我国对世界做出的庄严承诺，是党中央国务院深思熟虑后的重大决策，将对我国今后产业发展和布局产生深远影响。能源是碳排放的主要领域，能源能否实现转型发展对完成碳达峰碳中和目标至关重要。目前大部分发达国家已经提出了零碳或碳中和目标，作为世界上最大的能源消费国、最大的碳排放国，我国承诺从碳达峰到碳中和的时间仅 30 年，与发达国家相比大大缩短，时间紧任务重。此外，我国正处于经济发展的上升期，能源消费总量高且以化石能源为主，高耗能高排放产业规模较大，如何统筹好经济增长与低碳发展，在保障生产生活需要的同时加快生态文明建设，是一项长期艰巨的任务。

（七）部分能源关键技术装备受制于人

当前，世界能源领域正在经历新一轮产业和技术变革，伴随着数字化、信息化发展，能源的发展模式、生产消费方式和技术体系都在发生变化，各国纷纷抢占能源技术的制高点。“十三五”以来，我国能源技术装备在研发、示范和应用上，虽取得了一定进展，但也存在着原创性突破不足、引进消化吸收多、关键领域技术落后等问题，燃气轮机部件、高温高压材料、电力电子元件等技术设备依赖进口，新一代核能、氢能、储能技术还未发展成熟，能源技术装备“受制于人”的情况依然存在，加之我国正面临着以美国为首的西方国家技术封锁，推动能源技术装备的自主性发展尤为紧迫。

三、多措并举提升治理能力，推动“十四五”能源转型

（一）统筹好加快构建新发展格局下的能源发展

党的十九届五中全会明确提出，要加快构建以国内大循环为主体、国内国际双循环相互促进的新发展格局，这是应对国内外复杂形势做出的现实举措，也是推动能源供需关系在更高水平上实现动态平衡的战略安排，能源领域应顺势而上，通过补短板、锻长板，不断增强自主可控能力，保障我国能源安全。

一是强化国内油气自主供应保障。我国经济持续增长和人民对美好生活的向往，对油气供应安全提出了更高要求。目前我国油气勘探开发整体进入低品位阶段，增储上产难度较大，预计国内油气供需缺口仍将继续扩大。一方面要持续推进油气勘探开发，加大重点地区油气产能建设的资金投入力度，推动非常规油气、海上油气规模化勘探开发，并做好用地用海等关键环节的协调保障工作；另一方面要统筹考虑油气替代产业的发展，从国家能源安全的角度进行技术储备和产能储备，稳妥推进煤制油气升级示范工程，形成一定的产能规模，必要时可有效降低油气对外依存度，增强极端情况下的油气保障能力。

二是加快完善能源基础设施建设。完善天然气产供储销体系，加快推动国内天然气骨干管网建设，打造全国一张网，重点推动多层次储气设施建设，有效提升储气调峰能力，满足不断增长的天然气消费和迎峰度冬调峰需求。加快建设石油储备项目，提升石油储备能力。构建适应大规模、高比例新能源发展的新型电力系统，在提升现有输电通道利用效率的基础上，结合中长期电力流发展趋势合理规划新增跨区输电通道，优化各区域电网主网架，加快配电网升级改造，切实加强不同区域和城乡之间电力基

础设施协调发展，有效提高电力普遍服务水平。

三是发挥煤炭煤电兜底保障作用。我国以煤为主的能源结构短期不会改变，煤炭和煤电仍将在能源和电力供应中发挥主体性作用。一方面要高度重视煤炭的兜底保障能力，有序建设和释放大型煤矿优质产能，维持煤炭市场供应和价格稳定，着力提高电煤在煤炭消费中的比重，并推动煤炭清洁高效开发利用；另一方面随着风电、光伏发电等新能源持续高速发展，煤电正在更多地承担起电力系统调峰作用，逐步从电量型电源向电力型电源转变。因此要正确认识煤电的特殊地位，在有效控制煤电增量的同时，持续推动煤电节能减排和灵活性改造，最大程度发挥煤电的电力支撑和调峰作用。

四是全方位推动能源国际合作。持续推动“一带一路”能源合作，加强与国际能源组织、重点国家和地区的沟通交流，巩固和完善现有合作渠道和合作机制，务实推动在煤炭、油气、电力等行业的贸易合作，并提高风险防范能力。强化国际能源资源掌握能力，切实加强与周边国家能源基础设施互联互通，持续推动多来源的能源进口战略通道规划建设，着力提高全球资源配置能力，努力实现开放条件下的能源安全。同时，通过优化国内工业、交通等领域的能源消费结构，实现外部能源保障和内部结构调整相结合，逐步降低对国外能源的依赖。

五是促进能源清洁化智能化转型。在能源领域贯彻落实新发展理念，持续推动能源生产和消费革命，不断壮大可再生能源、天然气、核能等清洁能源产业，提高化石能源开发利用效率，打造节能高效的社会用能模式，加快促进能源绿色低碳转型，塑造能源与经济社会、生态文明协调发展的新格局。加快能源技术和信息技术融合发展，重点加强大数据、云计算、人工智能、区块链等新技术在能源领域的应用，推动能源数字化、智能化转型升级，为建立更为流畅的能源供需循环体系奠定基础。

（二）统筹好碳达峰碳中和目标背景下的能源发展

2020 年 9 月，习近平总书记在第七十五届联合国大会一般性辩论会上提出：“中国将提高国家自主贡献力度，采取更加有力的政策和措施，二氧化碳排放力争于 2030 年前达到峰值，努力争取 2060 年前实现碳中和。”碳达峰碳中和目标愿景，既体现了我国承担大国责任、推动构建人类命运共同体的责任担当，更是我国可持续发展的内在要求。

一是切实加快水电核电开发建设。水电和核电是重要的非化石能源，长期以来对优化我国能源结构发挥了举足轻重的作用。我国具备大规模发展水电和核电的条件，在碳约束和新能源快速发展的背景下，有必要加快推动电能质量相对较高的常规水电和核电发展，形成对煤电的有效替代。研究建立生态补偿激励机制、西部水电发展基金和水电开发减税降费等切实可行的支持政策，解决后续常规水电开发经济性较差的问题，加强流域生态保护和移民工作监测，研究水电开发和移民利益共享的长效机制，促进西南水电开发向纵深推进；尽快启动“华龙一号”自主创新核电技术后续项目及其他三代核电项目建设，在广泛推动技术升级和安全改造的基础上，切实开展降本增效行动，提高核电的经济性和市场竞争力。

二是推进源网荷储一体化发展。充分调动电源侧、电网侧、负荷侧可利用资源，促进源网荷储多向互动和高度融合，实现清洁能源的高效配置，减轻本地可再生能源对大电网调节支撑的依赖。电源侧大力推动多能互补，统筹利用一定区域内的风电、光伏发电、水电等清洁电源，发挥本地水电、光热发电、煤电、储能设施等调峰电源作用，通过优化多种电源配比，实现与负荷特性相匹配的发电能力，并最大化利用本地可再生能源，促进清洁能源就近消纳和余量外送。负荷侧要充分发挥好电力需求响应能力，通过完善电价机制引导各类电力用户灵活调节，充分调动用户侧广泛参与电力调峰的积极性。

三是加快构建新型电力系统。随着新能源逐步从补充电源过渡到主力电源，应加快构建以新能源为主体的新型电力系统。重点加强新能源在频率、电压等方面的主动支撑特性，实现从“他助”到“自助”的转变。在主动调节之余仍需要利用电力系统辅助服务时，应按照“谁受益、谁承担”原则，完成从“免费”到“付费”的转变。超前研究超高比例可再生能源电力系统的技术路径，实现新能源从“并网”到“组网”的转变。大力推进储能设施发展，近期重点推动技术较为成熟的抽水蓄能电站建设，加快化学储能技术研发应用，争取在技术性、经济性、安全性问题上取得更大突破。健全储能价格机制，发挥储能市场主体作用，完善峰谷电价政策，鼓励利用分布式储能设施、电动汽车实现用户侧的调节。

四是推动能耗双控和节能提效。严格控制能源消费强度和化石能源消费总量，推动冶金、石化、化工等传统高耗能产业转型升级，加强用能权管理，严格控制高耗能产业新增产能，坚决控制不合理的能源需求。加强重点领域的能效管理，运用先进技术不断提高生产过程中的能源利用效率，建立健全用能预算等管理制度，促进各类耗能产业优化发展，并着力提升终端用能电气化水平。坚持节能优先总方略，在大力推进工业领域绿色制造的基础上，充分释放建筑节能潜力，构建绿色低碳交通运输体系，加强能源资源的循环利用和梯级利用。

（三）统筹好社会主义现代化建设下的能源发展

党的十九大提出，综合分析国际国内形势和我国发展条件，未来 30 年可以分两个阶段来安排，第一个阶段到 2035 年基本实现社会主义现代化，第二个阶段到本世纪中叶把我国建成富强民主文明和谐美丽的社会主义现代化强国。着眼于能源中长期发展，应坚持以系统性思维，以能源高质量协调发展为目标，全面建设现代化能源体系。

一是促进区域之间能源协调发展。一方面要构建区域能源协调发展新机制，助力区域发展战略落地实施，促进能源发展与区域经济社会发展的高度协同，优化中、东、西部地区的能源发展定位，完善农村和老少边穷地区能源基础设施，推动能源扶贫，满足广大人民不断增长的用能需求；另一方面要充分结合我国各区域能源发展趋势，系统性分析中长期能源流向，确保能源配置更好地适应送、受两端中长期供需形势，统筹煤炭、油气、电力等行业的基础设施协同发展，结合市场经济性分析合理确定输送能力和建设时序，实现各类能源资源配置整体最优。

二是以系统性思维优化能源布局。能源布局不能仅仅聚焦于资源地的分布，更应该统筹各地区的能源结构、消纳能力、能源价格和经济性，以确保开发后的长期经济效益和市场竞争力。由于我国煤油气的主要产地集中在特定地区，因此能源优化布局更多地体现在电源的科学规划和布局上，未来应重点推动各区域内部逐步形成水电、风电、光伏发电、储能等多种电源互补化开发，以及各区域之间因地制宜实现差异化布局的电源总体发展格局，重点在东部地区发展核电和分布式能源，在西部地区发展水电和新能源基地，并优先布局在电力供应紧张地区。

三是加快发展基础性替代能源。我国陆地生态系统碳汇能力，远低于当前每年近 100 亿吨的二氧化碳排放总量，因此加快优化能源结构是实现碳中和的关键。考虑到我国以煤为主的资源禀赋和控制油气对外依存度的客观要求，必须坚持发展能发挥基础性保障作用的替代能源。从目前的发展情况来看，应优先推进先进核能、氢能技术发展，将可控核聚变作为前沿技术储备，重点发展氢能制取、输送、储存等相关技术，着力提高氢能开发利用的技术经济性，逐步推动氢能在生产生活中广泛应用。

四是大力推广城市综合能源系统。在城市或园区通过整合能源生产以及污水处理、垃圾处理等市政服务设施，实施分布式的终端一体化集成供能工程。优先利用城市污废资源，统筹利用本地风能、太阳能、地热能、空气能等可再生能源，并采用天然气等化石能源作为保障性能源，协同生产供应冷、热、电、气等各类终端能源，实现多能互补和梯级化利用，并在辐射范围内实现就近供能。通过因地制宜就地选用能源资源，并采用科学的能源装机配比，城市综合能源系统可最大程度提高能源利用和配置效率，并在能源生产的同时协同促进城市环境治理，是未来我国城市更新和城市能源发展的新方向。

推进石化全产业链集群化发展*

石油化工是关系国计民生的基础性、战略性产业，是国民经济的压舱石和驱动器，能够发挥保障国家能源安全和产业链平稳运行的关键作用。当前，在国际疫情蔓延、油价大幅震荡、全球经济衰退多重因素叠加背景下，我国石化产业应主动作为、化危为机、激发活力，找准新定位、培育新优势、采取新举措，积极探索“十四五”产业高质量发展新思路。

一、“十三五”石化产业取得主要成就

（一）石化产业规模跃居世界前列

截至 2019 年底，石油和化工行业规模以上企业 26271 家，全年增加值同比增长 4.8%，主营业务收入和利润总额分别占全国的 11.6% 和 10.8%。成品油、乙烯、甲醇、化肥、农药、合成树脂、合成橡胶等重要大宗产品产量位居世界前列。千万吨级炼厂由 2013 年的 21 家增加到 2019 年的 28 家。石化产业整体规模进一步壮大，大宗产品产销位居世界前列，企业规模实力显著增强。

---

* 作者杨上明，正高级工程师，中国国际工程咨询有限公司总工程师、工会主席。原文刊于《中国投资》2020 年 13、14 期合刊。

（二）主要产业链条呈现良性发展

2019 年原油一次加工能力 8.58 亿吨，原油加工量 6.52 亿吨，成品油产量（汽、煤、柴油）3.6 亿吨；乙烯产能 2917 万吨，产量 2590 万吨，平均开工率 88.8%，自给率 55.3%。对二甲苯（PX）产能 2432 万吨，产量 1452 万吨，自给率由 2018 年的 40.8% 跃升为 49.2%。炼油、乙烯仅次于美国居世界第二位，PX-PTA-PET 生产能力居世界第一位。2019 年，聚乙烯、聚丙烯产能 4583 万吨，产量 4034 万吨，表观消费量为 5987 万吨，自给率达到 67.4%。聚乙烯、聚丙烯、ABS、聚碳酸酯等产品净进口量达 2288 万吨，多数为国内不能生产的高端产品。

（三）产业布局不断优化

七大石化产业基地炼油、乙烯、芳烃等新建项目正加快推进，内蒙古鄂尔多斯、宁东、新疆准东等大型现代煤化工基地也已基本建成，已形成长江三角洲、珠江三角洲、环渤海地区为主导，沿江、西北及东北各具特色产业集群共同发展的格局，产业布局基地化、园区化优势凸显。

（四）技术装备水平持续提高

炼化新催化技术、新型煤化工技术、自动控制与信息技术、新型环保与节能技术等重大关键共性技术及装备方面取得了一系列突破性成果，千万吨级炼油装置国产化率超过 95%、百万吨级乙烯装置国产化率超过 80%。大中型石化企业主要生产过程基本实现了自动控制，炼化智能工厂建设试点工作取得初步成效。

（五）绿色发展能力明显提升

2019 年行业单位能耗持续下降，万元收入耗标煤同比下降 10%，重点产品单位能耗继续下降，电石、纯碱、烧碱、合成氨等重点产品单位综合能耗同比分别下降 2.18%、0.6%、0.51% 和 0.69%。行业节能节水、减排降耗多方发力，绿色发展水平稳步提升。

二、各种因素叠加对石化产业影响深远

（一）成品油需求减弱、炼油产能过剩，对我炼化板块降本增效造成较大压力

疫情对炼油、化工、材料 3 个领域的影响程度各不相同。成品油受损严重，相关数据显示，与 2019 年同期相比，3、4 月份我国成品油产量分别下降 21%、19%，终端零售量下降约 30%。疫情期间中国石油关停 43 套炼化装置，炼厂曾降到 61% 负荷运行。疫情造成成品油需求降低，再加上 2019 年已投产的恒力、浙江石化 2000 万吨 / 年进一步释放产能，中科湛江、海油大榭、洛阳石化即将相继投产，周边邻国炼厂相继投用，成品油出口将收缩等因素，将进一步加大成品油产能过剩。中央企业炼厂开工负荷将降至 70% 以下，成品油将面临量价齐跌局面，利润形势较为严峻。综合考虑经济增长率、汽车保有量、新能源汽车替代等因素，中咨公司预测，2025 年左右我国成品油需求基本达到峰值 3.59 亿吨，之后逐年缓慢下降，至 2035 年为 3.38 亿吨。2021 年至 2035 年间，预计国内乙烯、PX 需求量将稳定增长，到 2025 年、2035 年乙烯需求量将达到 6100 万吨、8600 万吨，对化工轻油需求量分别为 0.96 亿吨、1.45 亿吨；PX 需求量分别为 3800 万吨、4800 万吨，对化工轻油需求量分别约为 0.37 亿吨、0.55 亿吨。综上，预计 2025 年、2035 年我国内市场石油需求为 6.57 亿吨、7.17 亿吨。从消费角度出发，国内作为交通运输燃料的成品油需求将于 2025

年左右达到峰值，但化工轻油需求仍维持较高增长。我国石油消费仍存在一定增长空间，但其消费格局将发生巨大变化，即由生产成品油转向生产化工材料为主。

（二）国际油市价格震荡对我油气化工影响喜忧参半

油价大幅下跌降低原油进口成本并通过产业链传递至炼化中下游产业，有利于降低运行成本。但由于疫情期间消费停滞，交通物流受阻，假期延长和复工延迟，石化下游采购几乎停滞，石化产品库存高涨，严重影响石化产业链顺畅运行。短期来看，低油价使化工整体利润率较高。原油成本沿产业链逐级向下游传导，其价格影响化工品价格走势，短期虽然存在消化库存压缩盈利空间，但中低端石化产品在低油价下效益水平会更好；高端石化产品取决于技术含量，对油价波动反应不大。长期来看，低油价使得石化产品竞争力大幅增强，煤化工、新能源不再具有成本优势，将重构我石化行业竞争格局，但需防范低油价引起的国内炼化行业产能过剩问题。

三、“十四五”石化产业总体发展思路

总体来看，我国石化产业已形成较为完整的产业链体系。在当前全球新冠肺炎疫情蔓延、世界经济衰退、油价大幅震荡三重因素叠加背景下，我国亟须紧抓未来 2—3 年全球产业链重构的战略窗口期，结合国际需求和自身优势，坚定“自主化、一体化、多元化、国际化”发展道路，坚持石化全产业链集群化发展模式，加快推进行业降本增效、结构调整、转型升级，增强产业整体竞争力。近期 1—2 年来看，为应对当前经济下行压力，石化行业需多管齐下，全面激发企业活力，重点强化以利润为核心的

效益导向，确保企业实现稳增长目标，把疫情和油价影响控制到最低限度。远期3—5年来看，按照炼油化工一体化发展思路，以全球视野化解产业发展不利因素、转危为机，加快推进结构调整和转型升级，提升核心竞争能力与应对风险能力。

（一）坚持“自主化、一体化、多元化、国际化”，深度推进我石化产业转型升级

作为基础性原材料产业，我石化产业需坚持立足自身优势加快发展。基于石油资源禀赋原因，“十四五”期间炼油行业以调整产能结构性过剩作为主攻方向，加大落后产能淘汰力度，2025年将产能规模控制在9亿吨、2035年9.3亿吨左右，维持仅次于美国的全球第二规模。烯烃行业加快发展并优化产品结构，在以石油作为主体原料的基础上，考虑煤炭、乙烷、轻烃等30%左右的原料结构，力争“十四五”末建成乙烯4800万吨产能，赶超美国位居全球第一。以对二甲苯为代表的芳烃行业需充分发挥PX-PTA-PET全产业链的竞争优势，在全球产业链分工中继续占据核心重要地位，进一步增强竞争能力。

坚持一体化。炼化一体化不仅是提高资源综合利用水平的有效途径，也是构建合理完整的石化产业体系、维护国家产业整体安全的重要手段。除成品油外，乙烯、对二甲苯等重要基础化工原料应立足国内为主保障供给。未来我国乙烯、芳烃需求仍有一定增长空间，亟须在优化炼油能力结构的同时，结合石化产业布局优化调整，在成品油有效供应能力控制在合理水平的基础上，保障乙烯、芳烃等化工材料用油。因此，我石化产业转型升级应坚持深度炼化一体化，最大程度实现原料、产品、能源的互供互用，上下游协同发展，减油增化，尽量将稀缺的石油资源“吃干榨净”，

将石油主要用于生产高附加值的化工材料，增强石化产业整体竞争力，力争 2025 年一体化率提高到 25%，2030 年达到 30%。形成以七大石化基地为核心，以环渤海、杭州湾、粤闽桂和东北、西北、沿江“三群三带”烯烃产业集群为特色，以炼化一体化为特征的石化主体产业集群。

坚持多元化。实现原料多元化、产品多元化和投资主体多元化。从原料看，石脑油、乙烷、轻烃及煤炭共同构成烯烃原料来源；从产品看，烯烃下游高碳 α－烯烃、茂金属聚乙烯等高端产品应充实目前以通用产品为主的格局；从投资主体看，我国石化企业已形成以中国石化、中国石油为主，中国海油、中国兵器、神华集团、大型民营以及外资企业广泛参与、共同发展的格局，未来将延续多元化投资主体竞争格局，在全球疫情蔓延的影响下，加快兼并重组，进一步加大产业集中度。

坚持国际化。石化企业“走出去”开展国际化经营，一是增强能源安全自主保障能力，实现油气资源来源多元化，弥补国内资源不足，确保我国在大国能源博弈中保持主动地位；二是增强我企业国际竞争力，倒逼我国企业提升技术、质量、管理和服务水平，促进产业结构升级和石化产业综合实力提升。在坚持国内供给侧结构性改革和巩固提升本国油气化工产业链完整性、先进性的前提下，积极推动油气化工上下游一体化走出去，推动企业海外集群化发展，稳步拓展海外资源和市场。

（二）不遗余力推进重大项目建设

提早谋划启动下一批重大项目布局，在兼顾疫情防控与恢复经济的基础上，有效扩大内需、弥补外需不足，投资仍为最重要的对冲手段。中央大型企业需特别强化市场意识，积极推进深度炼化一体化和“减油增化”，确保企业具备灵活生产成品油与化工材料的手段，进一步增强市场竞争力与抗风险能力。一是加快在建重大项目建设进度。包括中科炼化、广东石化、浙江石化（二期）等炼化一体化项目，随着国内疫情逐步得到控制，有序推动重大项目开工复工，组织工作专班，精准施策，打通用工、运输、原材料供应等堵点，加快恢复正常建设进度。二是高度重视项目前期工作。提早谋划，不断充实项目储备库，如中石油广东石化二期项目、云南炼油提质升级项目等。强化重大项目建设用地用海等要素保障，畅通审批绿色通道。

（三）抢抓机遇，加大产业链集群发展力度

我国制造业规模占 GDP 的 30%，在全球制造业中占比也近 30%。石化产业需紧抓未来 2—3 年全球产业链重构的重要战略窗口期，在此轮全球产业分工调整中加快进程，深化改革开放，抓准机遇进行“引资补链”“引资扩链”。抓住区域一体化发展机遇，加快构建一批跨领域、延长链的世界级规模和全球领先水平的区域产业链集群，如大湾区、长三角、京津冀，以及东南沿海、黄海地区、东北地区等特色鲜明并具有较强国际竞争力的区域跨行业产业集群。

（四）发挥科技创新推动作用，解决“卡脖子”技术难题

一是结合我国新能源汽车、轨道交通、航空航天、国防军工等重大战略需求，开发聚烯烃弹性体等高端聚烯烃材料、5G 通信基站用核心覆铜板用树脂材料、电子特气、电子级湿法化学品、光刻胶、抛光材料等高端电子化学品领域基础材料，推动行业融合，提高整体发展。二是重点布局战略新兴产业技术攻关，加快推动氢能系列应用包括加注及氢燃料电池等、石墨烯应用等技术研发力度。

“十四五”油气产供储销体系建设构想 *

当前，国际疫情蔓延、地缘政治格局日趋复杂、油价大幅震荡、全球经济衰退、逆全球化进程凸显的多重因素叠加，全球石油市场不确定性加剧。我国宜加大勘探力度，夯实资源基础；合理开发进程，降低开发成本；激发活力，提高难动用储量开发技术；化危为机，积极推动国际化，进一步完善“十四五”我国油气产供储销体系建设。

一、“十三五”油气勘探开发取得成就

（一）油气资源保障能力明显增强

“十三五”期间，我国油气储量实现持续增长。三大石油公司实现新增探明石油地质储量 52.33 亿吨，完成规划目标的 114%；新增探明天然气地质储量 4.7 万亿立方米，完成规划目标的 173%。（仅包含三大石油公司数据，未包含延长石油集团数据。）

（二）油气产业结构趋于合理，供应更加多元

产量接替效果逐步显现。2019 年我国天然气产量 1761 亿立方米，原油产量 1.91 亿吨，天然气占油气产量比例为 41%，作为清洁能源的天然

* 作者杨上明。原文刊于《中国投资》2020 年 17、18 期合刊。

气占比持续上升。同时，致密气和页岩气产量均创历史新高，分别达到400亿立方米和150亿立方米，非常规天然气在天然气总产量中占比超过1/3。页岩油实现突破，在新疆吉木萨尔设立我国首个国家级页岩油示范区。

（三）勘探开发技术水平持续提升

一是逐步形成了适应各区勘探开发技术体系，针对多层砂岩油藏、复杂断块油藏、低渗透油藏、砾岩油藏、稠油油藏、特殊岩性油藏等形成了配套技术系列和特色技术。二是形成页岩气高效开发产业化模式，推广丛式“井工厂”钻井，形成地面建设标准化流程，减少占地面积，降低开发投资，提高综合效益。针对日益复杂的勘探开发对象，着力打造高精度地震勘探技术、高效安全钻完井技术、储层压裂改造增产技术，努力提升应对复杂地质目标的技术保障能力，为勘探开发提供技术保障。

（四）管网日趋合理与完善

管网公平开放、互供互保能力提升。天然气领域正逐步实现管道与LNG接收站、储气库互联，进口气与国产气互通，逐步形成布局合理、覆盖全国、调运灵活、安全高效的天然气管网系统。

（五）技术装备水平持续提高

我国在石油勘探开发技术、自动控制与信息化技术、新型环保与节能技术等重大关键共性技术及装备方面取得了一系列突破性成果。持续推进关键装备、尖端工具、高端助剂、顶级软件等“卡脖子”软硬件技术提升，旋转地质导向第一代样机已在现场试验获得成功。

二、油气上游面临新的问题和挑战

（一）新冠肺炎疫情及油价低迷将严重冲击上游勘探开发板块

新冠肺炎疫情迅速在全球蔓延，多国政府实施宵禁措施，不仅大幅削减了交通运输方面的能源需求，也使许多行业陷入了停滞状态，导致前所未有的石油需求迅速下降。而美国页岩油增产、俄罗斯等非 OPEC 国家产量提升，沙特等 OPEC 国家启动价格战等因素，全球供需失衡加剧。我国东部高含水、稠（重）油、中西部低渗透以及非常规油气田是我国油气增储上产的重要支柱，开发成本绝大多数超过 60 美元 / 桶，当前国际油价震荡将对上游勘探开发板块带来巨大冲击，面临大规模亏损。

（二）国际地缘政治加剧油气供应安全风险

作为世界第二大经济体，我国经济发展和安全既受制于国际供需格局，也深刻影响国际供需格局。2019 年，我国原油消费量达到 6.9 亿吨，占全球的 14.5%，对外依存度约 72%，是全球第一大石油进口国。若油价持续低迷，上游勘探开发将承受巨大成本压力，实现国产石油重上 2 亿吨的战略目标难度增加。在当前国际地缘政治日趋复杂的情况下，我国石油安全稳定供应面临新的风险。

（三）产供储销体系急需理顺

一是天然气供应价格急需理顺。2019 年天然气表观消费量 3030 亿立方米，占全球天然气消费量的 8.3%，其中 45% 依靠进口，已成为全球第一大天然气进口国。我国与卡塔尔、澳大利亚等签署的长协照付不议 LNG（液化天然气）到岸价格约为 9.5 美元 / 百万英热，与 LNG 现货和终端市场价格倒挂拉大，供应价格急需理顺。二是储气调峰能力不足。截至2018年底，我国上游供气企业地下储气库工作气量为88.7亿立方米，占当年天然气消费量的3%，远低于12%的国际平均水平；LNG接收站罐容为53.3亿立方米，占消费量的2%，远低于日韩15%的水平。城市燃气企业和地方政府均不具备国家要求的销售气量5%和3天的储气能力。为推动建设多元储备体系，国家先后出台多个文件，明确要求2020年供气企业形成不低于其年合同销售量10%的储气能力，城镇燃气企业不低于其年合同量5%的储气能力，各地区形成不低于保障本行政区域3天日均消费量的储气能力。

但由于储气设施投资大，缺乏回收机制，与文件要求相比，地方和企业建设进度明显滞后，城镇燃气企业及地方政府天然气储气能力无法按期实现建设目标，以三大国有石油公司为代表的供气企业预计2023年方能达到国家要求。

三、“十四五”油气上游总体发展思路

总体来看，我国油气上游已形成较为完整的产业链体系。在当前全球疫情蔓延、世界经济衰退、油价大幅震荡三重因素叠加背景下，我国亟须紧抓未来2—3年全球产业链重构的战略窗口期，内练基本功，全面激发企业活力，重点强化以利润为核心的效益导向，确保企业实现稳增长目标，把疫情和油价影响控制到最低限度；外重多元合作，在全球视野化解产业发展不利因素、转危为机，加快推进结构调整和转型升级，坚定不移地完善产供储销体系建设，提升核心竞争能力与应对风险能力。

（一）坚持“增储”基本方针

继续保障风险勘探投入，提高探明储量，夯实储量基础。重点针对古老碳酸盐岩、深层超深层、页岩油和新区新领域加强勘探力度，形成一批随时可动用储量，为保障稳定国内产量以及国家能源安全提供坚实的资源基础。

针对潜力资源，加快产业化进度。页岩油气非常规油气资源是我国石油稳定发展重要接替，通过建立国家级示范区等方式，推动规模增储，高效开发，尽快形成一批低成本运营产量接替区。天然气水合物（可燃冰）是世界上尚未开发的已知的最大化石能源，将成为石油、天然气之后战略接替能源，处于商业试采阶段，近期取得重大进展。将可燃冰作为战略新兴产业，加大科技攻关力度，尽快形成一套经济可行的商业开发模式。

（二）抓住低油价窗口，提高储备规模

利用现有设施，尽可能加大石油储备量。通过低息、免息贷款方式，为企业进口低价原油提供财务支持；协调中远、中海运、中船等企业，加强企业间合作，租用浮仓、油船等已有设施，提高仓储能力。支持企业商业储备能力建设。通过中央财政补贴、税收优惠等方式，加快油气商业储备设施建设，提高企业对油价抗风险能力。推动国家石油储备体制机制改革。盘活国家石油储备资产，建立油品轮换机制，发挥调解作用，服务中央企业。

（三）发挥科技创新推动作用，解决“卡脖子”技术难题

一是加快开发页岩油气等非常规油气资源低成本开发技术，加大理论创新和自主研发力度，聚焦产业发展瓶颈，加快开展深海油气钻井、油气田随钻测井与旋转导向系统等，在关键领域与核心材料方面实现自主研

发、自主创新，降低上游资源勘探开发成本。二是重点布局战略新兴产业技术攻关，加快推动可燃冰商业开发、氢能加注及氢燃料电池、石墨烯应用等技术研发力度。当前油气化工企业走出去应坚持全球视野、底线思维，推动我国企业审时度势、化危为机、稳步有序走出去。

（四）统筹推动完善油气化工合作四大区域布局

当前，“一带一路”建设正从谋篇布局阶段转向“工笔画”阶段，需要更好发挥基础性产业的支撑引领作用，其中油气化工大有可为。可以“一带一路”沿线国家为重点，推动四大区域合作布局：一是以周边俄罗斯、中亚为重点，加强上游合作，形成稳定的资源供应基地。二是应以西非、南美为重点，投资并购优良上游资产，形成能源储备基地。

（五）深化油气企业改革

深化油田技术服务企业改革，实现主辅分离。油田技术服务保护主义、市场化程度低是上游开发成本居高不下的重要原因。以低油价为契机，打破垄断，进一步放开油田服务市场，降低油气开发成本；加大企业整合力度，压减法人户数，提升油田技术服务行业的服务能力与技术水平；采用混合所有制方式，吸引社会资本投入，实现油田技术服务专业化、市场化，提升油田服务企业的经济效益与运营效率。

对“十四五”时期有色金属工业发展的战略思考*

“十四五”时期是我国全面建成小康社会后的新起点，是实现第二个百年奋斗目标的新阶段，转变发展方式、优化经济结构、转换增长动力进入关键时期。面对更加复杂的国内外发展环境，科学规划和理性引导产业有序健康发展，对于推动经济高质量发展和增进人民福祉具有重要意义。

一、“十三五”时期以来有色金属工业发展回顾

“十三五”时期以来我国有色金属工业发展具有几个鲜明特点。

（一）由规模扩张型向质量效益型转变

一是产量增幅明显回落。2016—2019 年期间，主要有色金属产品产量年均增幅 3.3%，较“十二五”时期增幅回落近 7.2 个百分点。其中，精铜产量年均增幅 5.3%，较“十二五”时期增幅回落 6.6 个百分点；原铝产量

* 作者王龙运、黄建明、尤振平。王龙运，正高级工程师，中国国际工程咨询有限公司冶金建材业务部副主任；黄建明，正高级工程师，中国国际工程咨询有限公司冶金建材业务部处长；尤振平，正高级工程师，中国国际工程咨询有限公司冶金建材业务部副处长。原文刊于《中国投资》2020 年 17、18 期合刊。

年均增幅 2.7%，较“十二五”时期增幅回落 11.5 个百分点。

二是冶炼产能扩张势头得到遏制。“十三五”时期以来，有色金属工业固定资产投资额呈下降趋势，特别是有色金属冶炼项目投资下滑尤其明显。多年未解决的电解铝产能盲目扩张基本得到遏制，产能置换已经成为自觉行动。

三是产业结构调整取得进展。从产业布局看，电解铝生产开始向水电等清洁能源比较丰富的云南、四川地区转移，依赖燃煤发电的局面有所改变。从产品结构看，航空铝料、汽车铝材开发和应用取得突破，吉利－中铝联合体的全铝乘用车已经推向市场。从产业组织结构看，龙头企业实力进一步增强，2019 年五大铝企业的氧化铝产量 70% 以上，电解铝产量占全国的 55% 以上，产业集中度明显提升。

四是拓展应用为发展提供新动能。建筑领域的“以铝节木”、交通领域的“以铝代钢”、包装领域的“以铝代塑”等方面取得重要进展。尤其是建筑铝模板的推广使用，成绩斐然。在不到 10 年的时间里，市场占有率从几乎空白，发展到 25% 以上，累计增加铝消费量 500 万吨，成为拉动铝消费增长的最重要领域。

（二）战略性矿产资源基地建设稳步推进

“十三五”时期以来，国家短缺矿产资源基地建设迈出新步伐。西藏玉龙铜矿、驱龙铜矿开工建设；黑龙江多宝山铜矿、西藏甲玛铜矿扩建基本完成。江西锂云母、青海盐湖提锂取得突破，国内原料碳酸锂产量从 1 万吨左右，猛增到 6.5 万吨以上，显著增强国内战略性矿产的资源保障能力。

（三）绿色发展跨上新高度

一是绿色制造能力不断增强。目前京津冀及周边地区大气污染防治圈、汾渭平原大气污染防治圈、长江三角洲大气污染防治圈内的有色金属冶炼企业、碳素制造企业等已经执行最低限值的污染物排放标准。

二是循环经济迈上新台阶。2019 年，我国再生铜产量达到 330 万吨，比 2015 年增长了 7.6%；再生铝产量 725 万吨，比 2015 年增长了 26%；再生铅产量 237 万吨，比 2015 年增长了 58%。

三是重金属污染防治取得进步。国家组织制订了涉重金属污染的铜冶炼、铅锌冶炼、锡锑冶炼等 8 个行业的清洁生产技术推行方案。大力推广应用重金属废水生物制剂法深度处理与回用技术。

（四）开放发展取得成果

境外资源基地建设结出硕果，刚果（金）和赞比亚的铜钴资源基地、几内亚铝土矿基地、印尼镍资源基地、秘鲁铜资源基地、澳大利亚锂资源基地等建设已经形成规模，且基本获得了预期投资效益。2019 年，我国企业控制的境外矿山产量已经达到 170 万吨（铜金属）以上，超过了国内产量；铝土矿产量超过 4000 万吨，相当于国内产量的 1/2。

（五）创新驱动提供发展新动能

一是企业科技进步成效显著。2018 年规模以上全国有色金属工业企业研发经费投入强度比 2015 年提升了 0.21 个百分点，一批骨干企业研发经费投入强度达到 2% 以上。

二是智能制造稳步推进。大数据、云计算、物联网已经渗透到有色金属行业生产经营的各个环节，数字矿山、智能工厂建设不断推进。

三是新材料开发和应用成果显著。自主开发的高纯金属、8 英寸硅片、引线框架材料等集成电路材料得到使用单位认证，实现了批量供货，为打破国外“卡脖子”和技术封锁提供了可靠支撑。

二、“十四五”时期发展面临的形势

当前世界正面临百年未有之大变局，在经济社会大调整、大变革的历史背景下，我国及世界有色金属产业发展形势也发生了很多新变化，其中一些新变局应引起高度重视。

（一）有色金属的战略地位凸显

随着新技术革命和产业变革浪潮的推进，各种有色金属凭借其特殊物理、化学性，日益成为战略性新兴产业和国防科技工业发展的重要支撑，有色金属战略属性更加凸显，战略地位更加重要。

2018 年 5 月，美国内政部发布了美国 35 种关键矿产目录，将钒、钛、铝土矿、镁、钴、钨、锡、锑、铋、铂族金属、铌、钽、铍、锂、锶、铷、铯、锆、铪、稀土元素、钪、锗、镓、铟、铼、碲等 26 种（类）有色金属列入其中。2019 年 6 月，为提高经济和国防安全保障能力，美国商务部发布了《确保关键矿产安全可靠供应的联邦战略》，体现了美国举国家之力确保关键矿产安全可靠供应的决心。其中，有色金属占据重要地位。

2010 年，欧盟提出了关键原材料清单，将具有重大经济和战略价值的原材料纳入清单，同时公布行动计划，力求扩大这些原材料的供应商网络，减少对第三国供应的依赖。随后在 2014 年、2017 年和 2020 年对关键原材料清单进行了 3 次修订。2020 年修订的清单涉及 30 种稀缺原材料，其中，有色金属就涉及 22 种（类），包括第三次修订新增加的锂、锶、钛、铝土矿，以及原有的锑、轻稀土、镓、镁、钪、铍、锗、金属硅、铋、铪、钽、铌、钨、钴、重稀土、铂族金属、钒、铟。

日本、韩国等也各自根据本国的情况，提出了包括有色金属在内的战略资源清单，并采取保护措施。由此可见，发达经济体对有色金属在经济社会发展和维护国家安全中的战略地位重视程度越来越高。

（二）有色金属进入多元争雄新时代

随着全球经济的发展，世界有色金属工业演变为多元争雄的局面，呈现三个竞争特征：一是发达经济体凭借技术成熟、金融强势、应用领先的体系优势，继续强化其占据国际竞争制高点的先机；二是新兴经济体依托资源优势，快速扩充产品市场份额，已经成为全球产业格局变化的重要力量；三是发展中国家凭借相对资源优势，强化资源话语权，资源民粹主义抬头，成为产业格局中不可忽视的新生力量。

目前发达经济体在有色金属产业的竞争优势集中体现在引领并把控高端发展方面。譬如，在集成电路及其材料领域，美国、欧盟、日本等掌控发展先机，关键装备制造的优势在欧洲，硅片制造的优势在日本，芯片制造的优势在韩国和中国台湾，而美国则以标准体系的优势牢牢掌控整个集成电路体系的优势，并打压其他国家的发展。再譬如，进入新世纪以来，美国铝业公司（后分拆成立现在的奥科宁克公司）联手福特汽车公司，凭借技术与体系优势，实现了铝材料在汽车结构应用方面的重大突破，从而在汽车轻量化领域占据引领地位。

近年来，印度、东盟等新兴经济体发展提速，在世界有色金属生产中的地位明显提升。2019 年，印度常用有色金属产量即突破 500 万吨，比 2015 年增长 25%，成为仅次于中国、美国、俄罗斯的世界第四大有色金属生产国。印度阿迪特亚比拉集团收购美国诺贝丽斯公司后，已经成为全球领先的铝压延和回收企业。印度尼西亚红土镍矿加速开发并就地转化，其 2019 年镍（折合金属量）产量超过 35 万吨，是 2015 年的 7 倍，跃居到世界第一。越南引进铜、铝加工，也在加工材领域占得一席之地。

一些发展中国家凭借其相对资源优势，一方面需要依靠中国等的资金、技术、人才，带动矿产资源开发利用，促进经济社会发展；另一方面，一旦项目落地，又频繁调整矿业政策，提高资源税，抬高资源开发利用门槛，限制甚至禁止资源性产品出口，社区事件频发，影响企业正常生产经营。特别在中国“走出去”资源项目落地较集中的部分国家和地区表现明显，显示出资源话语权的强化与资源民粹主义倾向，在全球有色金属产业格局中，扮演的分量与作用越来越重。

总之，世界各国经济社会发展与贸易保护、技术封锁、资源民粹等相互交织，正在改变全球有色金属工业发展格局，多元竞争的新时代已经来临，我国有色金属产业发展正面临更加复杂的竞争与角力。

（三）中国主要有色金属冶炼产能接近“天花板”

改革开放40多年来，中国有色金属冶炼产能持续扩张。从2020年的数据看，国内已经形成精炼铜产能1207万吨/年，电解铝产能4232万吨/年，精炼铅产能727万吨/年，锌冶炼产能785万吨/年。按产能利用率90%计算，可以满足年产1086万吨精炼铜、3809万吨电解铝、654万吨精炼铅、707万吨锌的需要。而2020年国内精炼铜消费量1290万吨，电解铝消费量3780万吨，精炼铅消费量500万吨，锌消费量672万吨，基本形成了产能与国内消费相互匹配相对稳定关系。

中国是全球最大的有色金属消费国，年消费量超过世界其他国家和地区的总和，已经达到很高水平。从人均消费强度看，2019年中国人均精炼铜消费量8.6千克，而世界平均消费量为3.2千克，美国为5.6千克，日本为8.0千克，德国为12.4千克；中国人均原铝消费量为25.5千克，而世界平均消费量为8.5千克，美国为15.9千克，日本为13.6千克，德国为25.3

千克；中国人均铅消费量3.9千克，世界平均消费量为1.7千克，美国为4.7千克，日本为1.9千克，德国为4.9千克；中国人均锌消费量4.9千克，世界平均消费量为1.9千克，美国为2.7千克，日本为4.0千克，德国为4.9千克。从单位GDP消费强度看，2019年中国万美元GDP精炼铜消费量83.9千克，美国为8.8千克，日本为19.4千克，德国为26.6千克；中国万美元GDP原铝消费量247.5千克，美国为23.5千克，日本为33.9千克，德国为53.0千克；中国万美元GDP铅消费量44.1千克，美国为8.5千克，日本为5.1千克，德国为10.7千克；中国万美元GDP锌消费量55.7千克，美国为4.9千克，日本、德国同为10.7千克。

虽然各国所处发展阶段不一样，有色金属消费强度会呈现不同的变化，不能完全代表消费趋势，但以上数据至少说明，中国有色金属消费强度已经很高。综合各有关方面的预测分析，总体上认为“十四五”时期中国铜、铝、铅、锌等主要有色金属消费峰值都将来临。鉴于中国资源、能源、环境等要素约束，中国有色金属产业发展的一个基本政策取向，是以满足国内消费为主，加之碳达峰碳中和要求与再生有色金属的发展，可以认为，中国主要有色金属产能“天花板”已经或者接近完成，进一步扩展原生金属冶炼产能的空间十分有限。

（四）市场变化受宏观经济形势不确定性的影响增加

2008年国际金融危机以来，全球有色金属市场历经几起几落，表明有色金属市场变化受宏观经济形势不确定性的影响在加剧。2020年，受新冠肺炎疫情影响，世界经济发展遭受重挫。为了应对危机，各国纷纷出台宽松货币政策和积极财政政策，这一方面加强了疫情防控、刺激了经济复苏，另一方面也加剧了通胀或通缩风险，导致国内外有色金属市场变化更加复杂化。

2021年伊始，国内出现了一波少有的有色金属股市、期市、现货“三市齐涨”局面，股市有色金属板块持续飘红，铜、镍、锡等期货和现货价格分别创出周期新高，铝、铅、锌等期货和现货价格也持续维持阶段性高点。这固然与中国经济实现正增长提振了信心，提升了预期有关；与国际货币基金组织预测2021年全球经济将增长5.5%，2022年全球经济将增长4.2%，将显著拉动有色金属等大宗商品需求有关；与清洁能源、碳中和等绿色发展理念迅速普及与概念消化，将带动相关有色金属材料的应用有关；也与美国释放并实施总额高达1.9万亿美元的新一轮经济刺激计划，使得流动性宽松进一步加剧，有色金属金融属性过度强化等不无联系。

百年未有之大变局下，全球宏观经济形势的不确定性仍在增加。一方面，国际竞争全面加剧，大国竞争合作与冲突并存，经济因素叠加其他因素，不确定性增加，有色金属产业链、供应链、价值链有可能时刻受到这种局面的扰动。另一方面，刺激经济复苏的宽松货币政策与流动性充裕，各国政策难以预期，资金趋利与避险需求同时存在，直接影响实体经济的稳定运行。同时，世界各地区、各国家的经济复苏进程差异较大，不平衡将导致新的不确定性。因此，尽管当前国内外有色金属市场基本面向好，但全球宏观经济一系列的不确定性势必影响有色金属的市场变化，增加对有色金属市场风险的把控难度。

三、“十四五”时期有色金属工业的主要任务

根据对未来国内外宏观环境的判断，“十四五”时期我国有色金属工业要实现高质量发展，需要完成五大任务。

（一）加强紧缺战略性有色金属资源供应保障

一是继续加大国内铜、铝、镍等紧缺矿产资源的勘探力度，积极开展现有矿山深边部找矿，延长矿山服务年限，增加后备资源储量。二是积极推进西藏玉龙铜矿、驱龙铜矿，贵州务正道铝土矿，青海夏日哈木镍铜矿，新疆若羌镍矿建设，形成新的矿山基地，增强资源保障能力，巩固产业发展基础。三是加强顶层设计，优化境外资源布局，用好“两种资源、两个市场”。四是进一步开发低品位矿、复杂矿、共（伴）生矿、高硫铝土矿、粉煤灰提取氧化铝等资源利用技术，强化再生金属利用，加强资源供应保障。

（二）推进供给侧改革，加强需求侧管理

一是坚持产能置换政策，强化行业自律。在严控电解铝4500万吨产能“天花板”不放松的基础上，研究探索铜、镍、铅、锌、氧化铝等有色金属产品产能的控制措施。二是继续推进产业结构优化，引导缺乏竞争力的产能退出，以及产业向环境容量大、清洁能源富集地区转移。三是以“大有色”理念推动关系行业长远发展的基础建设、基础科研和共性技术研发，攻克技术标准、知识产权、协同创新等难点，促进产业基础高级化、产业链现代化。四是加强标准化建设，努力提高供给质量，推动实施关键材料和产品进口替代战略，满足消费升级需求。五是支持绿色清洁生产，加强绿色制备技术与装备推广应用，鼓励企业工艺技术装备绿色升级改造，加快构建科技含量高、资源消耗低、环境污染少的绿色生产体系。

（三）重视稀有金属战略价值，做好“小金属”大文章

一是规范产业发展秩序，严格保护和合理开发优势资源。继续实施

钨、稀土等保护性矿种总量调控机制，研究探索出台优势矿产资源保护性开发的政策措施，把握好资源配置“总闸”，真正将我国资源优势转化为战略优势。二是依靠技术创新，加快产品结构调整的步伐，提升产品附加值，努力实现从价值链中低端向中高端的转变。三是积极应对西方“负责任矿产”审核的影响。一个时期以来，以美国为首的发达国家为了控制国际稀有金属市场，主导了“负责任矿产”审核，以打压我国稀有金属产业的发展，对我国产业安全与经济安全造成重大威胁。政府有关部门要加强对境外非政府组织在境内活动的监管，严厉打击可能影响产业安全、经济安全、国家安全的非法活动。同时要分发挥国内行业组织作用，积极参与国际活动，提升影响，维护国家和行业利益。

（四）坚持协同耦合发展，畅通产业链循环

一方面，要以大工业观审视产业之间的相互适应与衔接，找痛点、通堵点、补断点。着力解决重金属冶炼副产硫酸下游应用、铝用碳素生产石油焦采购、废渣尾矿作为建筑材料利用等一批原材料行业间衔接发展问题，实现有色金属工业与石化、建材、钢铁的产业链、供应链、价值链的循环畅通。另一方面，要主动加强与机械、电子、建筑、轻工等产业上下游和左右岸的密切联系、沟通、协作，通过融合发展，探索高质量增长新路径，拓展应用新领域。

（五）落实行业碳达峰方案，突破碳中和屏障

紧紧围绕国家碳达峰碳中和的总体目标，以深化供给侧结构性改革为主线，以产能总量控制和推动产能区域转移为抓手，以低碳技术创新为重要支撑，综合施策、分类指导，加快推进有色金属行业转型升级，促进有色金属行业低碳绿色发展。2025 年前，铝冶炼行业力争整体实现碳达峰；

2040 年前，有色金属行业实现减碳 40%；2055 年前，有色金属行业率先实现碳中和。绿色低碳技术创新的重点是：铝电解新型阳极、铝电解槽余热回收，铜铅锌等火法冶炼中低位余热利用，钛冶炼颠覆性技术等开展研究，实施共性技术、前沿技术低碳技术示范。引导镁冶炼、工业硅企业实施碳捕集、利用技术的示范性应用，加快实现规模化推广应用。同时，基于产品全生命周期的绿色发展理念，开展生态产品设计，引导交通、建筑、家电、电池、电线电缆等重点行业选用有色金属绿色产品。加强铝、铜、镁、硅等有色金属产品全生命周期碳足迹研究，建立健全有色金属产品全生命周期数据库，组织开展产品的绿色评价工作。引导电解铝等有色金属生产企业选用绿色原辅料、装备、物流，促进产业链绿色转型升级。

四、政策措施建议

（一）建立行业清单管理制度，推动精准施策

在国家相关产业政策和指导目录的基础上，根据有色金属行业布局和双循环发展需要，由政府相关主管部门通过政府间合作机制，制定行业关键材料和关键装备、上下游产业合作、国家战略储备、重点矿种勘查、重点国别有色金属投资等清单，细化行业管理，为国家有关部门精准施策，构建上下游行业间协同发展机制，畅通产业链、供应链提供支撑。同时，清单也可以成为行业集中力量补短板行动的政策指南，推动产业布局优化及双循环发展。

（二）进一步发挥国家战略储备的作用

国家战略储备已经在推动有色金属工业发展进程中发挥了积极作用。根据产业布局和内外循环发展的需要，需要进一步科学界定各类储备功

能，建立矿产资源储备与实物储备，国家储备与商业储备互为补充、协同发展的储备制度，提高国家储备整体效能。从产业发展实际出发，稀有金属要以实物储备为重点，特别是钴、锂、钽、铌、铍、铼、锆、铪、铂、钯等短缺资源要以国家实物储备为主；钨、钼、锡、锑和稀土等优势资源可以采用国家储备和商业储备相结合的收储模式；铜、铝等常用有色金属可以采用商业储备的方式组织，确立和完善适合我国国情的有色金属战略储备机制，增强国家抵御突发事件、国际局势动荡风险的能力。

（三）完善财税政策，支持有色金属工业发展

有色金属工业优化布局和双循环发展需要国家财税政策给予支持。当前迫切需要的政策是：

第一，完善再生有色金属税收政策。为支持再生有色金属产业发展，建议对再生有色金属冶炼加工确定合理的增值税即征即退比例，或是实施增值税核定扣除；对再生资源回收环节免征增值税或实施增值税核定扣除，为有色金属循环利用提供公平竞争的市场环境。

第二，推进矿产资源权益金改革。为了扭转我国矿业投资（包括勘探和矿山建设）连年下降的局面，建议通过建立部门间协调机制，加快推进矿产资源权益金改革工作，切实降低有色金属矿山企业税负，调动各方面力量兴办矿业的积极性，增强产业发展基础。

第三，取消有色金属出口关税。有色金属是国际流通的大宗商品，设置有色金属产品出口关税，不利于国内外有色金属市场的循环通畅。到2020年，我国征收出口关税的商品只有107项，其中铜商品11项、铝商品3项、镍商品4项、锌产品2项、锑商品3项、有色金属矿产品8项，合计达到31项。建议除保留8项有色金属矿产品外，取消其他有色金属

产品出口关税。

（四）积极应对国际斗争新局面

有色金属是重要战略资源，当前以美国为首的发达国家为了维护自身利益，打压中国有色金属工业崛起，除不断制造贸易摩擦，限制中国有色金属产品出口外，还通过主导“负责任矿产”审核、负责任采购计划等措施压制中国，对此需要积极应对。一是国家要高度重视这种斗争形式，授权有关部门统一组织力量研究应对，争取掌握“负责任矿产”审核，负责任采购计划实施的主动权，避免陷入被动，受制于人。二是发挥国内行业组织作用，代表中国参与相关政府间和非政府间国际组织的活动，提升话语权，对敌对势力的活动进行反制。三是严把宣传口径，避免使用“两高一资”词语描述有色金属等产业，不为敌对势力提供口实。

推动数据要素向现实生产力的转化 *

当前，以大数据、云计算、物联网为代表的新一代信息技术正在蓬勃兴起，深刻改变世界经济格局、产业形态和商业模式，一个全新的数字经济时代已经到来。数据是数字经济时代的基础性资源，也是最核心的资源。如何加快数据要素向现实生产力的转化，推动经济高质量发展，提升国家综合国力，是当前面临的一项重大课题。

2020 年 4 月 9 日，中央发布《关于构建更加完善的要素市场化配置体制机制的意见》，明确提出数据是继土地、资本、劳动力、技术之后的第五大生产要素，要求加快培育数据要素市场，推进政府数据开放共享，提升社会数据资源价值，加强数据资源整合和安全保护。意见的出台，对于加快构建数据要素市场，充分释放数据红利，推动经济的高质量发展，不断完善社会主义市场经济体制等方面都具有深远的战略意义。

一、数据已成为数字经济时代的核心生产要素

纵观人类社会发展历程，生产力始终是推动社会进步的根本动力。当生产力发展到一定阶段，就会与既有生产关系产生矛盾，从而引发生产关

* 作者申海燕，正高级经济师，中国国际工程咨询有限公司研究中心副主任。原文刊于《中国投资》2020 年 11、12 期合刊。

系的变革，推动人类社会向高阶形态跨越。新一代信息技术的迅速发展与广泛应用，推动数字经济快速崛起，全新的社会建构和社会形态加速形成，数字社会已经到来。应当看到，不同的社会形态对应不同的生产力水平以及与之相适应的生产要素，生产要素的转换也是社会更迭的重要标志。农业时代土地和劳动力是核心要素，工业时代资本和劳动力是核心要素，进入数字社会后，数据成为关键生产要素。围绕数据的搜集、加工、分析、挖掘过程中释放出的数据生产力，正在成为驱动经济发展的强大动能。

从国民经济体系来看，随着社会生产力的发展，各市场主体之间的分工协作不断加强，产业组织结构日趋复杂，形成了一个极其庞大的交互网络，决策的难度和复杂度空前提高。起初，各经济主体可以基于自身数据做出决策。进入数字社会后，协作竞争已经上升至全产业链层面以及生态系统层面，组织决策更加依赖于全面、准确、及时的数据进行复杂的分析计算。此时的数据已经成为推动经济发展的核心生产要素。特别是，与其他生产要素不同，数据要素具有可复制、可共享、无限增长和供给的特点，可以打破自然资源有限供给制约，使经济的永续增长成为可能。

从政府治理体系来看，数字社会的宏观调控面临前所未有的压力与挑战。随着产业分工协作的不断进化，各经济主体的决策模式在数据要素驱动下不断升级，微观层面的生产函数和中观层面的产业数据逐渐变得复杂敏感易变，这就必然要求政府宏观层面的感知、决策和调控手段同步发展，对经济社会的发展态势、风险事件的感知更准确、更敏锐，制定调控措施的决策过程更快，调控措施更有针对性，对调控效果实行更好的反馈监测措施。因此，数据要素也是推动国家治理体系、治理能力现代化的重要抓手。

二、数据要素转化为现实生产力的路径

数据如何转化为现实生产力？随着互联网、物联网、工业互联网的不断发展，世界万物都在互联互通，也在被迅速数据化，形成了大数据资源。大数据资源依托现代信息技术手段与智能化工具，加速了人类智慧物化进程，逐渐发展出数据能力，成为人类认识世界、把握趋势、改造世界的一种全新思维模式，并通过广泛渗透应用于各要素、各行业、各领域中，促进了效率提升、结构优化与转型升级，带动了生产力的快速发展。这一过程大致可分五个阶段。

（一）从数据到数据资源

数据只有足够“大”才会有价值。就我国而言，超大规模的市场优势与资源优势，经济的快速发展，为数据生产提供了丰富资源。而数字化、信息化的快速推进，5G、移动互联等网络基础设施的建设，使得海量数据的积累从技术上成为可能。目前，我国已成为世界数据资源大国和世界数据中心。IDC 资料显示，2018 年，我国共产生了约 7.6ZB 数据，占全球数据量的比重为 23.4%。数据存储公司希捷预测，未来几年，我国数据市场仍将以超过全球平均增速的速度增长，到 2025 年我国将超越美国，成为全球数字经济活动最集聚、数据产量最大的国家。可以预见，未来世界将生产出超级数据，超级数据的量变将引发超级智能的质变，引领生产力快速发展。

（二）从数据资源到数据能力

海量大数据，在高效的数据分析方法、充足的现代计算能力以及能够把数据、算法、算力连接起来的网络基础设施等多种技术手段的全面集成

与全方位支撑下，数据价值得以充分挖掘，形成了数据能力。数据能力为人类提供了一种认识客观世界、感知复杂系统的认知模式，由此形成了认识自然、改造自然的新手段，推动了生产力的进步。具体来看，围绕海量数据分析处理需求而产生的分布式计算、高性能计算、云计算、雾计算、图计算、智能计算、边缘计算、量子计算等“算力”体系成为发展的重要引擎，人工智能、深度学习等“算法”帮助人类发现规律并提供智能化支撑，而以 5G、NB-IoT、TSN 为代表的现代通信网络将数据、算法、算力三大要素紧密地连接在一起，实现了协同作业和价值挖掘。因此，“算法 + 算力 + 网络”这一体系架构实现了对数据的赋能，形成了可供分析、诊断、预测、决策等支撑人类智能活动的有用数据，数据红利得以充分释放。未来是数字经济的时代，各行各业的分析决策更加倚重于对大数据的充分挖掘而形成的智慧支撑系统，数据将成为推进我国经济高质量发展的强大动力。

（三）从数据能力到数字经济

数据要素是驱动数字经济创新发展的核心动能。数据要素驱动不仅指数字产业化的发展，即数据产业本身的发展，还包括产业数字化的发展，即数据要素对国民经济各部门带来的辐射带动效应，这也是各行业主动适应数字化变革趋势，加快数字化转型，改进生产技术，改善管理方式，改变组织形态，形成新的发展模式的过程。目前大数据已经广泛应用于生产制造、零售、交通、能源、教育、医疗、政府管理、公共事务等多个领域。以制造业为例，数字化推动了大规模的柔性、定制化、分散化生产，缩短了研发生产周期，降低了生产成本，增强了决策支撑能力。

当前，数字经济已成为我国经济增长的新动能，也是实现经济转型、推动社会形态转变的重要突破口。工信部数据显示，2018 年我国数字经济规模达到31.3万亿元，增长率为20.9%，占GDP比重为34.8%。其中，软件和信息技术服务业、互联网行业收入分别同比增长14.2%和20.3%。从就业情况看，数字经济当年解决就业岗位1.91亿个，占全年总就业人数的24.6%，同比增长11.5%，明显高于同期全国总就业规模增速。可见，数字经济以1/3的市场规模，带动了1/4的就业，已成为经济发展新动能。以北京为例，数字经济规模已经占到经济总量的一半以上。

（四）从数据能力到全要素生产力

数据作为生产要素，有别于土地、资本等其他要素，具有较强的互补性和溢出效应，通过对其他要素的耦合、渗透、改造、提升等赋能过程，可以放大其他生产要素的效率和价值，实现对其他要素资源的乘数效应与效率倍增，加快推动低阶要素向高级转化。此外，数据基于人工智能、5G、互联网、云计算、区块链等多种技术集成，与其他生产要素深度耦合后，可以形成"核聚变"反应，推动全要素生产率的爆发式增长。

（五）从全要素生产力到全面增长力

"万物均需互联，一切皆可编程。"在"人、机、物"三元融合的大背景下，万物加速互联互通，数字化、网络化和智能化呈融合发展新态势，推动全要素、全产业链、全价值链的全面链接与深度融合，数据正在爆发出更为强大的增长动能。未来，数据将会在优化提升资源配置效率和生产效率，加快生产模式、组织模式、服务体系和商业模式变革，实现经济融合发展，推动智慧城市、智慧政府、智慧社会建设，全面建设智能化社会进程中发挥更加重要的作用。特别是，2020年3月中央政治局常务会提出，要加快5G、大数据中心、人工智能、工业互联网等新型基础设施建设，这为数字经济的发展提供了基础保障，为提升全要素生产率，实现经济转型与持续发展提供了重要支撑。

当前，国际形势错综复杂，技术迭代频率不断加快，各种因素相互作用，决策系统复杂度、难度空前提高，对数据支持决策的依赖性提高到了前所未有的程度。我国长期依赖的人口红利、资本红利正在逐步让位于数字红利。要加快实现数据要素向现实生产力的转化，必须深刻认识到数据建设对推动经济增长、改变民生福祉、重塑竞争格局，以及保障国家安全的重要意义，要从提升国家综合国力与发展质量的高度，全面实施大数据战略，持续完善大数据要素属性，建立健全我国大数据标准、产权、交易、安全等规范体系，加快培育数据要素市场。从而以高质量的要素供给，释放数字红利，推动产业创新，助力经济高质量发展。

为此，一是加快资源整合，推动数据共建共享。加强政府部门、科研院所、高等院校、非营利机构、企业等不同数据主体的交流合作，通过市场机制，完善数字生产关系，解放数据生产力。二是加强平台建设，全面提升数据价值。加快建设包含“数据+算法+算力”在内的通用技术平台。积极发展 MEMS 传感器、IoT 等数字化基础设施，着力建设大数据中心，补上云计算、边缘计算等计算能力短板，加快构建人工智能、数字孪生等算法以及各种流程模型，持续推进 5G、NB-IoT 等网络基础设施建设，实现数据、算力、算法的高效耦合与协同发展。三是完善制度体系，加快培育数据要素市场。2015 年出台的《促进大数据发展行动纲要》，为大数据发展明确了顶层设计与制度框架。但数据作为一种生产要素，要实现生产力的转化，必须解决数据商品化、资产化的问题。要围绕数据权属界定、标准制定、成本测算、定价机制、收益机制等核心问题，研究推进数据市场化的体制机制。此外，要加快数据交易市场建设，加强数据安全管理，加大财税支持力度，积极培育专业人员，为数据形成生产力提供良好的政策环境。

思考借鉴国际先进经验，推动“十四五”时期我国战略性新兴产业集群高质量发展*

“十三五”以来，我国战略性新兴产业发展质量显著提高，发展环境持续优化，产业层次日益提升，做大做强新兴产业集群已成为推动落实供给侧结构性改革、驱动新旧动能转换的关键环节和必由之路。在新一轮科技革命和产业变革的大潮中，世界主要发达国家已纷纷将培育新兴产业集群上升至国家战略高度，在集群遴选、运营、评估以及政策扶持等方面采取一系列措施，以抢占经济发展和科技创新的制高点，从而提升和保持国际竞争力。“十四五”时期，国际环境日趋复杂严峻，我国正处于经济转型的关键阶段，在新发展格局下，我国战略性新兴产业发展也面临新问题、新挑战、新机遇和新方向。因此，需借鉴发达国家新兴产业集群培育中的一些好的经验和做法，做大做强一批战略性新兴产业集群，加快构建质量更高、效益更好、协同更畅通的战略性新兴产业发展格局，提高产业链、供应链现代化水平，增强产业链、供应链抗风险能力，形成特色突出、优势互补、结构合理的产业发展格局。

---

* 作者董亚秋、许有志。董亚秋，中国国际工程咨询有限公司战略咨询部助理研究员；许有志，研究员，中国国际工程咨询有限公司战略咨询部处长。

一、“十三五”以来我国战略性新兴产业集群发展三大特征

（一）规模质量不断提升

自2016年出台《“十三五”国家战略性新兴产业发展规划》以来，国务院还相继制定颁布了《关于加强知识产权审判领域改革创新若干问题的意见》《关于推动创新创业高质量发展打造“双创”升级版的意见》等文件，从知识产权、创新创业等方面全方位推动战略性新兴产业快速发展。2016—2019年，全国战略性新兴产业工业增加值年均增速为10.5%，高于同期规模以上工业4.4%。2020年上半年，全国战略性新兴产业规模以上工业增加值同比增长2.9%，高出全国工业增加值增速4.2个百分点；战略性新兴服务业营业收入年均增速为15.2%，高于同期服务业营业收入3.9%。2019年，我国战略性新兴产业增加值占GDP比重达11.5%，比2014年提高3.9%，已成为推动产业结构转型升级、经济高质量发展的重要动力。《中华人民共和国国民经济和社会发展第十四个五年规划和2035年远景目标纲要》明确提出“十四五”时期我国战略性新兴产业的发展目标，即“着眼于抢占未来产业发展先机，培育先导性和支柱性产业，推动战略性新兴产业融合化、集群化、生态化发展，战略性新兴产业增加值占GDP比重超过17%”。

（二）集聚效应日益明显

国家发展改革委积极推进战略性新兴产业集群建设有关工作，从申报的129个产业集群中评选出第一批涉及22个省（区、市）的66个战略性新兴产业集群，分布在44个城市。按照城市群概念划分，长三角城市群凭借14个产业集群坐拥榜首，其次是同样拥有7个产业集群的京津冀城市

群、山东半岛城市群，位列其后的粤港澳大湾区则拥有 6 个产业集群，其中北京、上海、武汉三市集群数量并列第一。可以看出，我国战略性新兴产业集聚效应日益明显，区域发展各具特色，区域布局总体上呈现出东部地区引领示范、中部地区崛起、西部单点突围追赶式发展的特征。据初步统计测算得出，我国东部地区形成了以京津冀地区、长三角地区和珠三角地区为代表的三大万亿级战略性新兴产业集群，中部形成了以合芜蚌、武汉和长株潭为代表的三大千亿级战略性新兴产业集群，西部则形成了以西安、成渝、贵州为主要代表的三大千亿级战略性新兴产业集群。其中，长三角城市群制造业基础雄厚，数字产业竞争力处于全国领先地位，在新一代信息技术、高端装备与新能源等领域催生出一批实力强劲的龙头企业，包括振华重工、阿里巴巴、科大讯飞等。京津冀城市群则依托大院大所集聚等优势，在新一代信息技术、生物医药、航空航天、节能环保等领域发展较快，涌现出若干影响力较大的产业集聚区，是全国新兴产业发展的策源地。而粤港澳大湾区城市群则依托珠三角核心制造业基础、港澳成熟的国际市场优势，形成了一批极具国际竞争力的外向型电子信息制造业新兴产业企业和相应产业集群。中部和西部地区单点突围，形成了各具特色的新兴产业集聚发展态势，集群竞争力不断加强。武汉光谷凭借高校和院所的科研实力资源，形成了集成电路、新型显示器件、下一代信息网络、生物医药等 4 个产业集群；长株潭城市群、成渝城市群则希望通过聚焦轨道交通产业、生物医药产业等筹谋单点突围。

（三）竞争力和特色不断加强

各地通过推动新兴产业集群集聚发展，形成了若干带动能力突出的新兴产业新增长极。从产业布局看，在智能制造领域，我国正在形成珠三角、长三角、环渤海和中西部四大产业集聚区。其中，环渤海地区和长三角地区是装备制造的核心区。例如，北京市持续推进新能源智能汽车发展，积极打造国家智能网联汽车创新中心，初步形成完整的、领先的新能源智能汽车创新体系，打造形成了全国领先的新能源智能汽车优势集群。在新一代信息技术领域，以百度、阿里、腾讯为代表的国内互联网企业成为领跑者，率先带领东部长三角、珠三角、京津冀三大城市群呈现爆发式增长，北京中关村、上海浦东、深圳南山、杭州云栖互联网集群势头不减；中部武汉光谷国家级光电子产业基地、合肥声谷人工智能为代表的集群日益成熟；西部贵州大数据产业、陕西半导体材料与器件研发生产基地等迅速崛起。其中，深圳市打造形成了 5G 产业生态和产业集群，并致力于打造 5G 全球标杆城市，依托 5G+ 智能经济为引擎释放强劲发展新动能；贵州省作为全国首个大数据综合试验区，近年来深入实施大数据战略行动，大数据产业向纵深发展迈出坚实步伐，亮点频出，成为经济发展的重要增长点及转动能稳增长的重要支撑，成为全省高质量发展新引擎。生物医药产业形成了包括长三角地区、珠三角地区、环渤海地区和东北地区在内的产业集聚区，此外，中部地区的河南、湖北，西部地区的四川、重庆也展现出良好的产业基础。北京中关村、上海张江药谷、武汉光谷生物城、广州国际生物岛、成都天府生命科技园和长春新区等是国内生物医药产业园区的典型代表。

二、“十三五”以来我国战略性新兴产业集群布局中的问题

（一）各地区产业布局趋同现象突出

从全国范围看，有些省份和地区未从其经济、社会、产业、技术、创

新、资源等条件和实际出发，一味贪大求全、一哄而上，制定出台趋同的产业发展规划，未体现区域特色和区位优势，重复建设、产能过剩、资源浪费等苗头出现。梳理各地区发布的战略性新兴产业“十三五”规划可以看出，各地纷纷响应国家战略性新兴产业“十三五”规划的号召和内容，将新一代信息技术、新能源、新材料、生物医药、节能环保等八大产业作为重点产业进行扶持和培育。从战略性新兴产业集群地区范围看，各省市乃至各开发区之间也存在分工不明确、产业同构问题。在长三角江浙沪的16个城市中，以汽车作为重点发展产业的有11个城市，以电子信息为重点产业的城市有12个；在35个主要工业行业中，江苏和上海产值前9位的行业完全相同，浙江和上海产值前9位的行业只有一个不同，相似产业主要集中在制造业、电子信息、生物医药、化工业等。以长三角地区的生物医药产业为例，江苏在生物技术上和新医药产业上，建立了以泰州、南京、连云港、常州为重点区域的医药研发和制造产业链；上海以浦东张江、闵行、徐汇生物医药产业研发和服务基地为核心，奉贤、金山和青浦在生物医药产业不同细分领域进行差异化生产制造为支撑的六大国家生物产业基地；而浙江则形成了以杭州为主的生物医药产业集群，三大省市均打造生物医药产业的集群，不免存在同质竞争现象，对于长三角集群内的生物医药产业应更好地整合发展，促进形成上下游互补的产业链。此外，继“十四五”规划提出“推动战略性新兴产业融合化、集群化、生态化发展”后，不少地区持续“加码”战略性新兴产业集群。如，山东提出培育15个省级战略性新兴产业集群；安徽计划建设新型显示、集成电路、新能源汽车和智能网联汽车、人工智能、智能家电5个世界级战略性新兴产业集群等。

（二）产业链条不完整，集群内部产业关联度低

我国战略性新兴产业细分行业中多数没有形成完整的产业链条，造成产业结构混乱，产业链条不完整，没有形成合理的产业体系。以新能源产业为例，首先，产业体系不健全，光伏产业原材料和市场均在国外，风电产业关键部件需进口，生物质能发电核心装备国产化程度低等问题普遍存在。其次，战略性新兴产业集群的内部组织化程度不高，企业内聚力薄弱，相互支援、相互依存的专业化分工协作的产业网络尚未形成。主要表现为上游产品多，下游产品少，未形成完善齐全的产业配套网络。以手机制造为例，其产业配套主要涉及闪存、电阻、电感等电子元件，显示屏、电池、充电器和包装材料等产品，由于价格、质量和规格等，大部分企业还不能与终端手机整机制造企业形成配套。另外，集群内分工与合作仍处于较低层次，产业关联度低，产业关联的外溢机制和协同效应比较欠缺。以光电子产业为例，由于消费电子发展不足，激光产业应用领域狭窄，部分企业的关键元器件仍需要进口或从外地引进，软件与信息服务业占比较低，影响了光电子信息产业的配套，给产业发展造成不利影响。

（三）一些地方政府注重园区建设，忽视产业培育

一些地方对新兴产业集群的研究策划、规划设计、开发建设与运营管理还停留在房地产思维，园区运营收入来源单一，主要依赖工业、商业、住宅等房屋出售、租赁和物业管理收入，园区运营本质上在做房地产经营而不是做产业服务或企业服务，园区成了企业的“一房东”或“二房东”。一些地方发展新兴产业园区单纯只为招商引资，没有找准区域经济优势定位，导致产业园区特色不够鲜明，没有形成产业错位发展、互补发展、协作发展的格局。不少园区之间为争项目，竞相压价，不计成本，导致无序

竞争，从而导致产业园招商难、空心化和泡沫化严重等，有的产业园区入驻率非常低，甚至沦为“鬼城”。此外，一些地方政府在建设产业园区中还存在的重数量轻质量、重规模轻效益、重硬件轻软件等现象，对产业创新的支撑、培育、辅导和服务作用的认识和作用发挥不足，导致企业在入驻园区后无法得到有效的发展和扶持，集群产业链不完善，上中下游仍无法衔接，致使内部交易成本仍居高不下，最终使得产业集群只流于形式。

（四）科技创新水平较低，难以起到辐射带动作用

我国各产业链存在短板环节，关键核心技术和“卡脖子”技术受制于人的现象长期存在。首先，部分产业尚有大量核心瓶颈环节有待突破，例如，高性能航空发动机、高端芯片等重点产品长期依赖进口，尚不具备自主生产能力。其次，核心基础零部件、先进基础工艺、关键基础材料等产业基础能力较为薄弱，产业升级发展能力距离自主可控尚有较大差距；新兴产业自主创新能力有待进一步提高，在基础科学研究投入、科学基础设施建设、研究成果高效转化等方面存在着较多不足，距离形成以自主创新为主导的新兴产业发展格局尚有较大差距。由于部分高技术产业关键核心技术受制于人，一些企业依赖引进和模仿关键技术在市场立足，容易走向低水平组装加工路线，出现技术同质化严重、相同技术重复引进、布局雷同和低水平竞争等现象，导致新兴产业集群整体缺乏核心竞争力、产业空心化、部分产能过剩等。从而导致集群中大多数企业虽都属于高新技术产业，但却仍以加工生产为主，而缺乏战略性新兴产业集群式发展的核心要素——科技创新。总体来看，我国大部分地区战略性新兴产业集群普遍存在这样的现象，中西部地区产业园区多以劳动密集型的制造加工为主，东部沿海地区虽已建立起战略性新兴产业的创新集群，但依然处于“微笑曲线”低附加值的中间环节，存在科技含量不足、赢利能力不强等问题。

（五）不注重生产性服务业、生活性服务业等配套产业建设

一些地方在发展产业集群时，只注重发展核心产业本身，金融、研发、营销、成果转化、知识产权等生产性服务业发展滞后，餐饮、娱乐、休闲等生活性服务业发展也难以满足需求，导致服务基础设施不完善，严重制约集群长期、可持续发展。一些集群对产业创新的支撑作用不够，产业创新的服务体系不健全，专业服务能力不到位。促进产业创新的基础设施和软件环境不完善，尤其缺乏技术创新平台等基础设施以及孵化器等成果转化服务机构。在产业创新的培育、辅导、孵化、加速等方面，存在周期长、投入高、发展速度慢、项目成功率低、投资回报低等问题，很难培育产业创新中的“黑马”和“独角兽”。

三、发达国家培育新兴产业集群先进经验值得借鉴

（一）将构建世界级新兴产业集群，作为谋求全球竞争优势的核心战略

美国政府于 2009 年、2011 年、2015 年相继提出“美国创新战略”三部曲。同时美国商务部、美国小企业局等部门通过设立产业集群发展基金，于 2010 年制定区域创新集群计划，重点支持小企业参与集群合作网络，截至 2015 年底，小企业局共分 3 批持续支持了 14 个集群，领域涉及国防技术、先进电力和能源、柔性电子技术、无人驾驶汽车等高新技术领域。美国还分别于 2010 年、2014 年提出能源区域创新集群计划、产业集群描绘计划等战略来推动产业集群发展。欧盟于 2008 年启动欧洲集群备忘录，实施多方位创新战略支持发展世界级创新集群，提升其在全球竞争中的主导地位。德国政府于 2007 年、2012 年、2015 年相继启动“领先集群

竞争计划”“走向集群计划”和“集群·网络计划”打造了15个世界级卓越产业集群，2017年德国计划再推出13个全新的卓越工业4.0中心。目前已形成世界级智能制造产业高地，成为德国工业4.0技术应用的主引擎。法国政府也早在2004年就在全国范围内实施“竞争力集群计划”，选择有潜在竞争力和培育前景的地区，围绕创新项目，帮助企业、培训中心和研究机构建立合作关系，从而打造基于各地区工业企业基础、科研教育等优势的“竞争力集群”。截至2014年，已创建71个竞争力集群，其中全球领先集群7个，超过7000家科研与培训机构、企业参与其中。日本政府进入新世纪以来先后推进了“产业集群计划”（2001年）、“知识集群计划”（2002年）和“城市区计划”（2002年）等3个产业集群发展战略计划，从实现集群组织网络化、促进联合研发和支持产学政合作三方面构建了具有长期性、延续性以及脉络性的产业集群顶层设计。目前，计划共推动形成了18个产业集群，总计10700家企业参与，涉及先进制造、生物化学、节能环保等新兴产业领域。韩国政府重视集群化发展，从2004年至2007年间启动了12个示范集群项目，并于2010年推出广域集群，将其国内产业集群整合为5+2广域集群，包括以信息技术和先进材料产业集群为主的首尔首都圈，以造船和汽车等产业集群为主的湖南圈等，希望利用外部创新资源以扩展其业务领域，促进与其他区域类似及有关集群的交流和共同研发。

（二）采用竞赛、投标等商业化方式遴选高水平新兴产业集群培育对象，确保双向选择的公平公正性

德国集群的结成、管理和发展基本上都是由区域内各主体自行组织，最后采用竞赛的方式遴选出联邦政府资助的集群。以“领先集群”为例，

候选者需要提交集群战略加护进行申报，由来自科学和经济界的15人组成评审委员会在候选者中遴选出15家集群，要求他们再提供一份更详细的申请提案参与第二次竞争评选，最后遴选出5家作为领先集群。目前，已开展3轮竞赛，共有15个领先集群被遴选出来。美国国家制造业创新网络计划（NNMI）通过DOD和DOE开放竞选程序招标遴选，经过跨部门技术专家审查后公布中标团队。已建成8家创新中心牵头单位，包括：4所大学和大学研究基金会、1个实验室、1个制造中心、1家联盟和1个研究所。

（三）构建区域政产学研合作创新系统，为新兴产业集群发展提供创新资源保障

美国于2012年启动国家制造业创新网络计划（NNMI），以德国弗劳恩霍夫研究所为蓝本建设15个区域性制造业创新研究所作为区域制造业创新中心，建立起全国性的制造业领域的政产学研协同创新网络。目前NNMI计划已建成8家创新中心，并计划设立19亿美元的法定预算支出项目，实现未来10年建成45个“制造创新机构”的设想，形成完备的先进制造业创新网络系统。德国积极发挥政府资金的引导作用，吸引大量的风投资金涌入到集群发展中来，并为地方提供创新智力支撑，以资助企业为中心，重点支持研究机构与企业结成创新联盟来加强政产学研合作。据统计，德国政府对每个新兴产业集群提供5年共4000万欧元支持，以推动企业技术研发合作。日本政府十分强调建立区域政产学研合作创新系统的重要性，在集群发展中，地方政府组织企业、高校、研究机构对区域内的产业发展方向、技术基础、产业化路线等展开集中讨论，联合行业协会等第三方组织制定产业集群发展计划。

（四）建立健全多部门协作机制，共同推动新兴产业集群发展

美国区域创新集群计划基本采用一个部门主导、多个部门参与的协作推进机制，即主导部门根据发展需要，对符合要求的特定集群发展加大政策引导和资金支持力度，并联合其他部门提供与集群产业发展相配套的政策服务。以“能源区域创新集群计划”为例，该计划由能源部主导，经济发展局、小企业管理局、国家标准技术研究院、劳工部、教育部和国家科学基金委员会等参与，各部门从不同角度协作推动集群发展。法国由工业部、国防部、基础设施部、农业部、卫生部、空间规划部 6 个部门组成部际区域规划发展委员会，建立了部际共同基金，资助集群成员的研发活动。2 个管理局和 1 个银行负责集群计划的运行：OSED 创新管理局和国家研究管理局资助竞争力集群中政产学研的研发合作项目，半公立的 CDC 银行支持集群中的创新平台建设。日本产业集群计划主要由经济产业省和文部科学省两个部门负责。2011 年，文部科学省和经济产业省联合开展创新集群的升级行动，建立了会商协调机制，共同组建区域集群促进联合会，这种跨部门的协作很好地整合了相关资源，消除了部门之间的壁垒。

（五）组建新兴产业集群合作机制，打造共享的信息平台

美国政府高度重视同商会、行业协会、高校商学院等非政府机构的合作，利用其掌握的大量集群和区域经贸环境相关信息，为集群发展提供信息服务。2014 年美国商务部同哈佛大学、麻省理工学院等合作开展的“产业集群描绘计划”，在搜集与美国集群发展、区域社会经济特征、商业环境质量相关的 5000 万条数据后，对外发布了美国集群地图。同时建立了一套帮助政府和企业对集群分类和比较的算法，构建起了集群内企业间沟通交流以及企业获取各级政府正在开展的集群项目信息的平台。德国的集

群合作机构是介于市场和政府之间中立的“第三方”，多数是公司型组织，部分是联合会型组织，重点发挥精准服务集群成员的纽带作用。如德国东威斯特法伦—丽璞（OWL）集群作为德国首推的15个领先集群（要求每个集群要组建集群合作机构）之一，其集群合作机构主要由It's OWL来担任。该机构是由当地政府管辖、采取公司化运作的非营利组织，由董事会、科学咨询委员会等构成，核心职责主要有引导创新项目申报、技术转移、外部合作对接、专业知识共享与资金分配等5个方面。日本通过设立计划推进机构，重点承担政产学研合作创新系统的建设工作，建立与金融机构、技术转移机构、地方经济产业局之间的关系网，有效促进创新要素的流动与共享。

（六）制定相关金融和财政政策，鼓励集群内中小企业创业创新

美国政府积极引导金融资本流向集群内初创企业，培养集群内创新竞争的市场氛围。如商务部2010年推出的“区域创新战略计划”中的“种子基金”项目，重点针对区域集群内的初创企业进行股权投资。以硅谷高新技术集群为例，斯坦福大学旁的沙丘大街3000号集中了200多家风投机构，吸引了全美超过三成的风投资金量，助推集群内初创中小型企业的创新创业。德国自2008年起，政府先后通过了两部中小企业“解除法”，为中小企业创新提供资金，解除束缚，将中小企业的创新资助纳入“中小企业重要创新计划（ZIM）”；同时，政府制定中小型企业长期发展规划，定期对评估中小型企业发展状况，给予针对性支持。英国对中小企业的支持体现在给予更多财政投入、享受更优惠的税收政策、促进对中小企业的政府采购等。例如在20世纪90年代末，英国政府通过中小企业创新计划为开展产品研发和技术创新的中小企业提供奖金和资助；对高技术小企业

和小企业管理者提供优惠的减免税政策；允许小企业免费进入政府采购网等方式均为小企业发展提供了很好的平台。

（七）以科技成果转化服务机构为枢纽，促进成果转化和商业化运作

德国政府通过锂电池创新联盟，联合巴斯夫、博世、赢创工业、Lintec、大众五大企业巨头，以及高校和研究所在内的共60多家机构，推动锂离子电池技术产业化，以进一步降低新能源汽车成本，以实现2020年100万辆新能源汽车在德国的目标。日本政府非常注重国立大学和研究机构科技成果产业化能力的培育，强调技术转移的重要性。1998年日本政府颁布实施《大学等机构技术成果转化促进法》，鼓励政府机构、高校及私营企业从事技术转移活动，目前在全国范围内已批准设立43家技术转移机构。以TAMA-TLO为例，在TAMA（科技创新特大城市区域）产业集群内，TAMA-TLO承担了高校、研究机构与会员企业技术转移与评价反馈的桥梁作用，为保障科研成果的技术化、产业化建立了很好的联系渠道。

（八）营造良好的居住环境与文化氛围，营造创业创新的优越环境，吸引人并留住人

美国硅谷大多数公司都位于阳光充足的旧金山湾区，气候宜人、地域宽广、生活设施完善，海滩、滑雪场、剧院、咖啡馆、俱乐部等文体社交活动场所丰富，为人们交流信息、激发灵感、相互学习提供了多样的平台，优越的居住环境和文化氛围不断吸引工程师和新公司落户于此。英国剑桥科技园离伦敦市中心仅1小时车程，交通便利、环境宜人、生活便利，文化、教育、娱乐设施齐备，具有良好的生产、居住条件。其中，灵活的租赁合同、停车场、与其他企业交流或结网的机会、咨询服务、设施分享

以及与大学的联系等优势，都促进了园区企业的发展，对员工和经营管理人员极具吸引力。

四、“十四五”推动我国战略性新兴产业集群发展的对策建议

当前，我国战略性新兴产业集群初步呈现了以东部引领、中部崛起、西部特色化发展的布局态势，形成了以长三角、珠三角、京津冀三大世界级城市群为主，中部以合芜蚌、武汉、长株潭，西部以西安、成渝、贵州等主要城市为主要集聚地的战略性新兴产业集聚。但与发达国家相比，集群的带动效应和创新优势尚未充分发挥。应借鉴发达国家先进经验，优化产业政策体系，加快培育发展壮大战略性新兴产业集群。

（一）科学规划统筹战略性新兴产业集群发展区域布局

充分考虑产业门类、产业要素、产业分工、产业链环的地域分布与区位优势，因地制宜，确定产业集群发展定位与目标、发展方向与重点、发展路径与举措，优化区域布局、空间结构、资源配置、投入产出。构建产业链上下游合作和沟通协作机制，提升集群中核心城市的产业带动能级，围绕主导产业链，各城市共同延伸产业链、提升价值链、重组供应链，积极构建垂直整合的产业链集群，形成核心竞争力，探索区域间税收制度方面的改革，缓解区域内部对企业资源不必要的恶性争夺现象，推动集群内城市在金融服务、科技创新、产业布局及市场拓展上的协调分工机制，防止结构趋同、盲目投资、重复建设、生态破坏等问题。

（二）鼓励支持各类主体建立技术联盟，推进科技创新平台建设

一是鼓励各地构建政产学研用协同创新平台和技术战略联盟，采用企

业化运营模式，以创新成果入股转为资本的机制，破解创新成果利益分配问题。二是加强公共技术平台和服务平台建设，充分发挥国家和省级重点实验室、公共技术研发平台、检验检测平台和资本服务平台等作用。三是加强对技术市场、生产力促进中心、科技企业孵化器、留学生创业园等科技中介服务机构的建设，更好地为企业提供分析测试、研发服务和信息咨询。

（三）建立健全参与机制，积极推动各类主体布局战略性新兴产业

一是推动国有企业成为战略性新兴产业的主力军。发挥国有经济的主导作用，引导国有企业科学选择发展方向，完善内部考核机制，推动战略转型。二是鼓励民营企业、外资企业投向战略性新兴产业。鼓励各类企业与高校、科研院所共同开展重大产业技术研究，推动科研成果的开发利用，提升产业核心竞争力。三是鼓励外资企业投向战略性新兴产业，改造提升传统产业。引导外商投资企业和国内外高校、科研院所共同开展重大产业技术研究，推动科研成果的开发利用，提升产业核心竞争力。积极承接国际高端产业转移，鼓励跨国企业建立区域总部、研发中心等职能机构。

（四）培育创新型龙头企业，建立较完整的高水平产业链

引导激励企业瞄准关键共性技术、前沿引领技术、现代工程技术、颠覆性技术，加大科技研发投入，培育和发展以大型企业、国有企业为龙头，科技型中小企业为骨干的战略性新兴产业集群，重点激发民营企业创新创业活力，逐步建立较为完整的高水平产业链，全面提升集群核心竞争力。加强产业链互动，在龙头企业的带动下，重点发展集群中产业链条的

薄弱环节及未来有可能成为“瓶颈”的产业环节，使新兴产业集群内部各环节间实现平衡、协调发展，进而形成完善的产业有机体。

（五）加速推动人才集聚，实现集群“引才”“留才”

强化团队式人才引进，培养和凝聚一批创新创业领军人才团队。鼓励各地开展区域人才合作活动，搭建人才交流合作平台，加强柔性引才，促进人才在一线城市与二三线城市之间加快流动。优化人才生活和成长的环境，为人才要素自由、高效流动和信息资源的共享提供重要保障。优化集群相互信任和相互合作的文化，营造鼓励创新、宽容失败的氛围，为集群成长注入新鲜活力。

第四章

推动绿色发展

持续深化生态文明体制改革，确保“十四五”时期生态文明建设做实走深*

中国生态文明体制改革作为我国生态文明建设的顶层制度设计，对生态文明建设的改革方向做出了总体战略部署。2018 年 5 月习近平总书记在全国生态环境保护大会上指出：“生态文明建设是关系中华民族永续发展的根本大计。”中共十八大以来，中国共产党围绕生态文明建设提出了一系列新理念新思想新战略，开展一系列根本性、开创性、长远性工作，生态文明体制改革全面深化。中共十九届四中全会上将生态文明制度领域国家治理体系和治理能力现代化上升到新的战略高度；中共十九届五中全会提出新时期生态文明建设实现新进步的目标和任务；中共中央财经委员会第九次会议决定把碳达峰碳中和纳入生态文明建设整体布局。在新的历史阶段，我国生态文明建设将迎来爬坡过坎、负重前行、转型突破的关键时刻，坚持和完善生态文明制度体系，健全资源高效利用、国土空间优化开发、生态环境保护与修复等制度，加强绿色低碳循环发展经济体系建设，力争推动生态文明体制改革进入新境界、取得新成果，助力社会主义现代化发展。

---

* 作者张英健、罗恩华、马淑杰。罗恩华，副研究员，中国国际工程咨询有限公司资源与环境业务部副主任；马淑杰，中国国际工程咨询有限公司资源与环境业务部高级工程师。

一、“十三五”生态文明体制改革总体进展

（一）系统完整的制度体系基本建立

近几年，从顶层设计到全面部署，从最严格制度到最严密法治，系统完整的生态文明制度体系基本建立。一是生态文明体制改革顶层设计日趋完善。2015 年,《关于加快推进生态文明建设的意见》《生态文明体制改革总体方案》等纲领性文件相继出台，明确了生态文明体制改革的“四梁八柱”；福建、江西、贵州、海南四省作为国家生态文明试验区先行先试，率先开展生态文明体制改革综合试验，制定了 143 项改革任务制度文件，各项改革制度扎实推进，系列制约生态文明建设的关键体制机制障碍逐渐破解；40 多项国家层面整体部署性改革方案陆续推出，体制改革和制度建设不断创新完善；基本形成了生态文明体制中权力明晰、源头严防、过程严管、损害赔偿、考核评价、责任追究等基础性制度框架。二是生态文明法律法规体系不断健全。党的十八大以来，我国加快了生态文明领域的法律法规体系建设，有法必依、违法必究的生态资源环境法治氛围基本形成。2015 年，修订后的环境保护法首次明确环境监察部门的法律地位，多角度体现了严苛的环境保护和治理力度。2013—2016 年，陆续出台大气污染防治行动计划、水污染防治行动计划、土壤污染防治行动计划，打好污染防治攻坚战的成果日益显著。2018 年，生态文明建设通过宪法上升为国家意志。2020 年，固体废物污染环境防治法修订执行，是健全最严格、最严密生态环境保护法律制度和实现环境质量改善的重要举措。随着形势变化和发展要求，矿产资源法、清洁生产促进法等系列法律相继修订，能源法、应对气候变化法、资源综合利用法也已进入意见征求和研究制定阶段。

（二）"四梁八柱"制度改革稳步推进

一是自然资源资产产权制度不断健全。近年来，我国自然资源资产产权制度加速构建，自然资源资产确权登记试点、建立确权登记技术标准等方面不断突破。福建、贵州等 12 省市有序推进省级自然资源确权登记试点工作，随后一系列暂行办法和操作指南的出台进一步推动了自然资源确权登记的法治化。2016 年，国家自然资源资产管理体制试点陆续开展，提出将所有者和管理者分开以及一件事由一个部门管理的原则。2018 年，自然资源部的组建标志着自然资源资产集中统一管理体制基本建立，国有自然资源"单一代表，多级行使"的所有权行使格局基本形成。

二是国土空间开发保护制度逐步完善。我国着力实施以国土空间规划为基础的用途管制制度，建立了生态保护红线、环境质量底线、资源利用上线和生态环境准入清单制度，积极落实国家公园管理体制。"十三五"期间，京津冀 3 省（市）、长江经济带 11 省（市）和宁夏回族自治区共 15 个省（区、市）初步划定生态保护红线，其他 16 个省（区、市）基本形成划定方案。2017 年，《建立国家公园体制总体方案》的颁布标志着国家公园建设进入实质性阶段。截至 2019 年底，全国已建立三江源、祁连山等 10 处国家公园体制试点，涉及 12 个省份，总面积约 22 万平方千米，占陆域国土面积的 2.3%。

三是空间规划体系日益健全。近年来，国土空间规划管理整体水平不断提高，相应规划体系日趋完善，在科学处理不同空间规划图斑的矛盾、实现"多规合一"等方面取得了一系列成果。国家及省级关于建立国土空间规划体系并监督实施的意见相继印发，标志着全面构建国土空间规划体系的顶层设计基本形成。

四是资源总量管理和全面节约制度不断强化。“十三五”期间，我国积极推动耕地保护和土地节约集约利用、水资源管理、能量消费总量和强度双控制度，建立健全天然林保护、湿地保护、海洋及矿产开发利用管理制度。2014 年，国家提出坚持和完善最严格的节约用地制度，一系列管理办法和条例逐步出台，形成了耕地数量、质量、生态“三位一体”保护机制。2016 年以来陆续开展了最严格水资源管理制度考核、全民节水行动和国家节水行动等，提出近远期水资源节约利用的总体控制目标。2016 年出台了《能源生产和消费革命战略（2016—2030）》，对今后 15 年我国能源革命做出了全面的战略部署。2019 年《大型活动碳中和实施指南（试行）》的印发填补了我国在碳中和相关工作方面的标准指南的空白。

五是资源有偿使用和生态补偿制度改革持续推进。我国不断加大力度推动自然资源有偿使用制度改革，积极探索建立重点流域生态补偿、跨省域生态补偿和综合性的生态补偿。2016 年以来，我国积极探索土地资源、矿产资源、水资源等资源有偿使用方式，并在山西、福建等地开展矿业权试点以及在阿尔山开展森林有偿使用试点，全民所有自然资源资产有偿使用制度逐步建立。2018 年以来，资源开发补偿、污染物减排补偿、水资源节约补偿、碳排放权抵消补偿制度不断健全。2020 年印发的《生态保护补偿条例》确立了森林补偿等多个领域的生态保护补偿机制，是中国首部以生态保护补偿命名并作为立法追求的法律文件。

六是环境治理体系不断完善。环境治理体系作为环境保护工作的基础支撑，污染物排放管理、区域联防联控、农村环境治理、生态环境损害赔偿、环境保护管理等制度建设不断完善。2016 年以来污染物排放许可制度不断完善，截至 2019 年 9 月全国共计核发火电、造纸等 36 个重点行业排污许可证 6.7 万余张。河长制、“2+26”城市大气污染治理等行动持续推进，有效形成了污染防治区域联动机制，全面降低了区域污染排放负荷。与2016年相比，2019年通道城市PM2.5平均浓度下降了22%，重污染天气减少了40%。“十三五”期间，我国大力实施村庄清洁行动，相继颁布农作物秸秆综合利用、农业面源污染治理及农村污水垃圾处理等系列文件并开展试点，初步建立了农村环境治理体制机制。2020年印发的《关于构建现代环境治理体系的指导意见》首次明确界定了环境治理体系中“党委领导、政府主导、企业主体、社会组织和公众共同参与”的职责定位，体现了现代环境治理体系构建的全局性和统筹性。

七是环境治理和生态保护市场体系有序建立。在生态环境市场体系构建中，我国积极推进用能权、碳排放权、水权等交易制度，逐步建立绿色金融体系。碳排放权方面，2011年北京、天津等地开展碳排放权交易试点，截至2020年8月，试点省市碳市场共覆盖钢铁、电力等20多个行业，累计成交量超过4亿吨，累计成交额超过90亿元，有效推动了试点省市应对气候变化和控制温室气体排放工作。建立绿色金融体系方面，2016年中国绿色金融国家战略正式形成，浙江等地绿色金融改革创新试验区建设不断推进，标志着我国绿色金融迈入“自下而上”区域探索的发展新阶段。

八是生态文明绩效评价考核和责任追究制度全面建立。各地区积极开展绿色发展评价，通过完善生态文明建设目标评价考核、建立标准体系及明细表、健全绿色发展指标体系，进一步强化了对绿色发展的激励和约束作用。2015年国家层面制定了自然资源资产负债表的试点方案和编制指南，并先后开展两轮试点，现已初步形成了全民所有自然资源资产负债表报表体系框架和技术规范。2016年以来各地陆续发布了省、市、县等各级生态文明目标评价考核办法，并基于此进一步提出了绿色发展指标体系。

2017 年提出领导干部自然资源资产离任审计相关规定，2019 年将生态文明建设纳入党委政府领导班子考核内容，为生态文明建设领域各项工作提供了更坚实的组织保障和制度保障。

（三）创新实践取得一系列重大成果

生态文明体制改革综合实践以整体推进与试点示范相结合的方式陆续开展。2013 年，国家发展改革委先后批复两批 100 家生态文明先行示范区建设地区，以制度创新为核心任务，以可复制、可推广为基本要求，为破解本地区生态文明建设的瓶颈制约进行了大胆探索。2016 年以来，福建、江西、贵州和海南四省作为国家生态文明试验区，体制改革进展顺利，福建、江西、贵州三省 110 项改革任务现已全部出台，海南省 33 项制度文件出台超过 85%，成效显著、亮点突出，制度改革成果可借鉴、可推广性较强。2017 年以来国家生态环保部先后推动了三批 175 家生态文明建设示范市县、52 个“绿水青山就是金山银山”实践创新基地，涵盖了山区、平原、林区、牧区、沿海、海岛、少数民族地区等不同资源禀赋、区位条件、发展定位的地区，为全国生态文明建设提供了更加形式多样、更为鲜活生动、更有针对价值的参考和借鉴。

生态文明示范试点及国家生态文明试验区的探索实践为全国提供了可复制、可推广、可操作的经验做法。2020 年《国家生态文明试验区改革举措和经验做法推广清单》在梳理试验区改革实践的基础上，推广了 14 个方面共计 90 项改革举措和经验做法，标志着国家生态文明试点试验已取得阶段性成果。诸多探索实践成果经验的推广应用将极大促进各地进一步深化生态文明体制改革，对“十四五”时期加快推进生态文明建设具有重要意义。

二、“十四五”生态文明体制改革面临的新形势

（一）新的发展阶段对建设目标提出了新要求

党的十九届五中全会通过了《中共中央关于制定国民经济和社会发展第十四个五年规划和二〇三五年远景目标的建议》，在高度肯定“十三五”生态文明建设成果的基础上，一方面，对“十四五”期间生态文明建设提出了新阶段目标和路径落实的明确要求，力争“生态文明建设实现新进步，国土空间开发保护格局得到优化，生产生活方式绿色转型成效显著，能源资源配置更加合理、利用效率大幅提高，主要污染物排放总量持续减少，生态环境持续改善，生态安全屏障更加牢固，城乡人居环境明显改善”。另一方面，对2035年基本实现社会主义现代化的目标做出谋划，即“广泛形成绿色生产生活方式，碳排放达峰后稳中有降，生态环境根本好转，美丽中国建设目标基本实现”。两个目标相结合，已经指明了未来15年生态文明建设的大战略、大方向。生态文明体制改革作为生态文明建设的顶层架构指南，“十四五”时期的核心任务是将习近平生态文明思想作为统领，积极落实“十四五”规划目标及实施纲要，扎实推进国家环境治理体系与治理能力的现代化，稳步推动绿色低碳循环经济体系构建，确保生态文明领域国家治理体系和治理能力现代化水平始终保持高位运行。

（二）新的国际环境对建设内涵提出了新任务

2021年全国两会将碳达峰碳中和首次纳入政府工作报告，同年3月习近平总书记在中央财经委员会第九次会议中强调，实现碳达峰碳中和是一场广泛而深刻的经济社会系统性变革，要把碳达峰碳中和纳入生态文明建设整体布局。至此，生态文明的内涵有了进一步的扩充。中国作为全球主

要的温室气体排放大国之一，提出“力争2030年前实现碳达峰，2060年前实现碳中和”是党中央经过深思熟虑做出的重大战略决策，事关中华民族永续发展和构建人类命运共同体。推动碳达峰碳中和工作的部署落实，是我国进一步应对气候变化、推动绿色低碳发展、促进我国经济结构转型升级的内在需求，将成为生态文明建设任务的最新组成。

“十四五”是碳达峰的关键期、窗口期，“十四五”时期的生态文明建设要全面提升战略认知，将碳达峰碳中和作为生态文明建设的历史性任务加强推进，重视制度设计和体制改革任务部署。一方面，要持续推进资源、能源的节约和高耗能高碳排放产业的结构优化。以创新引领，推动能源体系绿色低碳转型，提高非化石能源的能源消费占比和能源、资源循环利用效率。优化产业结构与布局，充分发挥生态环境保护对产业结构优化升级的倒逼作用，推进重点行业与领域绿色化转型及低碳化发展。另一方面，要重视完善绿色低碳技术创新体系形成重要科技支撑。加快推动绿色低碳前沿技术研发，加强节能、环保、循环、低碳科技创新供给，要发挥科学技术核心支撑作用，加快研发和储备能效提升、新能源及碳捕集碳封存重大关键战略技术，加大绿色低碳技术推广应用力度，培育创新主体和服务平台，优化绿色低碳技术发展政策环境，提高精准节能减碳和科学绿色低碳水平。

（三）新的路径方式对改革实践提出了新方向

2018年5月习近平总书记在全国生态环境保护大会上指出：“加快推进生态文明体制改革落地见效。”生态文明制度建设要把国家层面的根本制度、基本制度、重要制度，通过政策设计和体制改革落地实践，积极探索推广绿水青山转化为金山银山的路径，切实把生态优势转化为经济优势和社会优势，把生态文明制度优势转化为人民群众美好生活的实惠和成效。

“十四五”时期，生态文明建设的战略地位日益凸显，对生态资源的有效保护、合理开发、高效利用、价值实现与科学治理显得尤为重要。谋求绿色发展、推动生态产品价值实现，是生态文明制度建设的新要求新方向，也是新时期加快生态文明体制落地的积极实践。一方面，要谋求全新的绿色发展主线道路。绿色发展是推动生态文明建设的基本途径和有效方式，也是高质量发展的基本前提。要坚持以绿色发展作为主线统领，将制度建设有效过渡到经济发展，不断激发区域的内在绿色活力，培育绿色新动能和新动力，推动传统产业绿色化改造，积极培育新兴绿色产业，促进经济发展的质量变革、效率变革、动力变革。另一方面，要强化生态产品价值转化模式。立足我国优良的生态资源、能源资源、农业资源等资源优势，完善资源环境价值转化和绿色发展市场规则，加快生态产品价值实现路径设计，推动产业生态化、生态产业化，积极探索生态产品价值市场化实现机制，加强绿色金融保障力度，推动互联网与各领域深入融合和创新发展，通过“生态 +”“数字 +”等产业融合发展模式，形成一批农业、旅游、康养生态产品开发利用和生态环境治理修复新业态。

三、新阶段生态文明体制改革路径建议

（一）全面贯彻落实习近平生态文明思想

生态文明建设要坚定不移全面贯彻习近平生态文明思想，结合最新形势和任务进行再定位，要从“十三五”时期的体制改革为核心、问题整改为主要路径、约束为主要导向的思路，逐步转向到“十四五”以落实习近平生态文明思想为核心，强调发挥治理效能、突出目标导向、聚焦碳达峰

碳中和、绿色发展激励为主。在体制改革和制度建设方面，要处理好改革和立法、体制改革和制度创新、顶层设计和试点探索等关系，重点在制度集成创新、深化自然资源资产产权改革、生态保护补偿等方面取得突破。要充分发挥国家生态文明试验区、生态文明先行示范区和生态文明示范市县的试点示范带头作用，推动国家生态文明试验区成为践行习近平生态文明思想的“排头兵”，成为制度创新的先行区、绿色发展的示范区、美丽中国的样板区。结合国家区域发展战略、碳达峰碳中和、乡村振兴、战略科技创新等的发展趋势，推动示范试点在绿色低碳循环发展的经济体系构建、生态产品价值实现等方面取得突破，积极培育绿色增长新动能，成为展示生态文明领域治理体系和治理能力现代化的重要窗口，着力推动生态文明制度优势转化为生态文明治理效能。

（二）巩固深化推广生态文明体制改革成果

在巩固提高现有改革成果的同时，要着眼于加强改革的系统集成与协同高效，在更高起点上深化生态文明体制改革。一是高效推进生态文明体制改革创新。继续保持生态文明体制改革的战略定力和战略耐力，充分发挥地方主动性和改革首创精神，在形成“四梁八柱”体制改革成果的同时，强化制度改革成果的引领性，充分发挥首批次国家生态文明试验区典型代表的领头作用。二是创新完善试验区建设及各类试点示范的统筹推进方式及联动机制。以试验区建设为先行区，加快构建生态文明建设的统筹协调机制，加强政策倾斜，充分发挥其示范作用。建立健全中央、省和市县的联动机制，形成上下互动、高效运行机制，充分激发市县参与建设国家生态文明试验区的主观能动性和创新性，与省级协同推进生态文明建设。实施“体制改革、项目资金、政策洼地”的三轮驱动的试验区建设方式，继续以体制改革和制度建设为重点加快制度落地；加大重点地区中央预算内投资支持力度，适当调整和下放审批权限，通过改革创新打造绿色发展的政策洼地。三是做优做实纵深打造升级版国家生态文明试验区。加快推动改革落地实施，使成果由"务虚"变为"务实"，分类施策促进制度全面落地执行，对尚未实施、短期内不具备全面铺开条件的制度如环境产权交易，要加快试点布局，并着力协调解决体制机制障碍；对于配套措施暂不完善的制度如自然资源确权登记，要在试点基础上加快总结经验制定文件，为全面实施相关制度提供支撑。加快推动制度衔接集成，着力加强改革的系统集成和协同创新，全面提升生态文明体系的综合效能。四是继续加大对体制改革成效明显的创新做法的推广力度，采取成熟一批推出一批方式，同时鼓励省级政府开展经验推广和表彰，加快优秀做法在省内的推广，及时将地方经验做法和教训上升为国家政策，充分利用以改革试验任务带动周边省份的渠道，适当探索安排涉及跨行政区域的改革任务，使试验成果在更大范围、更深层次实施。

（三）强化碳达峰碳中和体制改革任务设计

充分发挥碳达峰碳中和目标的战略导向、倒逼机制作用，加快制定相关体制改革任务。一是积极推动碳达峰碳中和路径设置与国土空间开发保护相结合。加强生态系统保护和修复，提升生态空间服务功能和气候韧性，将适应和减缓气候变化与山水林田湖草等生态系统综合治理相结合。推动碳达峰碳中和融入乡村振兴战略，以减碳增汇理念开展乡村生产生活生态空间优化。大力发展低碳城镇，以节能减碳为核心合理确定开发边界和开发强度，统筹城市绿色基础设施布局。二是以碳达峰碳中和目标推进经济社会低碳转型。要按照国家碳达峰与碳中和的时点要求，统筹市县区及重点行业的碳达峰实施路径。大力调整能源结构，建立清洁能源发展机制，推进能源体系清洁低碳发展。加快推动产业结构转型，推动构建钢铁、石化、化工等传统高耗能行业转型升级机制。着力提升能源利用效率，完善能源消费双控制度，严格控制能耗强度，合理控制能源消费总量。三是深入对接国家重大区域发展战略。因地制宜，推动重大区域差别化和包容式低碳转型。大力推动京津冀区域产业循环链接及低碳协同发展。积极推动长三角地区、粤港澳大湾区的发达省市科学控制化石能源消费。将碳达峰碳中和与长江经济带共抓大保护深度协同，加快推进长江沿岸生态系统修复和环境综合整治，以节能低碳理念指导企业和园区的循环改造和绿色转型。加快推进黄河流域生态补偿，以更严格的绿色循环标准推进黄河流域园区存量升级改造和补链招商。

（四）创新谋划生态文明体制改革新平台

坚持全国整体布局、发挥区位优势、突出地方特点的基本原则，兼顾东中西区域，考虑资源环境保护和绿色发展需要，分批打造新的生态文明试验平台。

一是要充分结合长江经济带、黄河流域生态保护和高质量发展等国家重大区域发展战略，以及新时期碳达峰碳中和行动等国家重大任务，遴选具有代表性和潜力的地区参与。按照成熟一个设立一个的原则，指导相关省、自治区、直辖市有序开展国家生态文明试验区、国家生态文明示范市县、“绿水青山就是金山银山”实践创新基地等创建设立工作。

二是要以新的试验平台为抓手，积极探索多元化的绿色发展机制。探索把握绿色经济、绿色产业发展的特点和规律，深入挖掘绿色发展潜力；进一步明确绿色产业发展的方向，推进构建绿色产业体系；探索绿水青山向金山银山转化的实现机制，着力构建生态价值转换路径，建立健全生态产品价值实现机制；加大绿色低碳技术创新投入，推动生产方式和生活方式的绿色变革。

三是科学评估推动改革任务系统优化。开展自底向上的制度评估工作，进一步明确建设目标。在试验区改革成果的基础上，新的试验平台应充分结合地区经济社会发展水平和生态环境建设基础，对于发现的部分尚不成熟、实践证明目前推动较难的改革任务，以实事求是为原则，适当调整和拓展生态文明试验平台建设任务和要求；对于部分目前看较为超前、难以落地的制度改革任务暂缓实施或适时调整，加紧开展理论和学术研究及探索，设立明确而具体、可实现可评估的目标，制定提出符合目前改革环境、落地实践可操作的方案和措施。

四是多方监管提高全社会治理水平。充分运用互联网、大数据和人工智能等信息化手段，从区域自身、省内区域间和跨省合作三个层面建立信息化服务和监管平台，强化末端监管体系，加强生态环境治理的可视化管理，提升区域治理能力。强化群众参与的积极性，从前期方案的规划制定、实际的建设推进过程以及后续的监督监控，鼓励广泛的公众参与，提高全社会治理水平，助推改革任务高效完成。

关于“十四五”时期国家公园建设的建议*

党的十八大以来，以习近平同志为核心的党中央站在中华民族永续发展的战略高度，做出了加强生态文明建设的重大决策部署。2013 年 11 月，党的十八届三中全会提出要建立国家公园体制的重点改革任务。2015 年 5 月，国务院批转国家发展改革委《关于 2015 年深化经济体制改革重点工作意见》，确定在 9 个省份开展国家公园体制试点。同年，国家发展改革委会同中央编办、财政部等 13 个部门联合印发了《建立国家公园体制试点方案》，试点目标主要为解决各类保护地的交叉重叠、多头管理的碎片化问题，形成统一、规范、高效的管理体制和资金保障机制。

一、国家公园体制试点取得实质性进展

截至 2020 年，国家已批准了 11 个国家公园体制试点实施方案，具体为：东北虎豹、祁连山、大熊猫、三江源、海南热带雨林、武夷山、神农架、普达措、钱江源、南山、北京长城。其中有 5 个（三江源、东北虎豹、大熊猫、祁连山、海南热带雨林）由中央深改委批准，中共中央办公厅、国务院办公厅联合印发或由国家林草局印发，其余 6 个（普达措、神农架、

---

* 作者景峰，研究员，中国国际工程咨询有限公司农村经济与地区业务部副处长。原文刊于《中国投资》2020 年 19、20 期合刊。

钱江源、南山、武夷山、北京长城）经国家公园体制试点领导小组同意，由国家发展改革委批复。其中，北京长城于2018年退出体制试点，现存的10个国家公园体制试点涉及12个省（市），其中3个涉及2个省（市）及以上，东北虎豹涉及吉林、黑龙江2省，大熊猫涉及四川、甘肃、陕西3省，祁连山涉及甘肃、青海2省。

为支持做好国家公园体制试点工作，自2017年开始，国家发展改革委除继续在森林草原资源培育工程、重点区域生态保护和修复工程、生态保护支撑体系、农村人居环境整治等中央预算内投资专项中安排资金外，还在文化旅游提升工程专项投资中的国家文化和自然遗产保护利用设施建设方面专门安排国家公园体制试点专项资金，投入约130亿元。虽然资金额度有限，却体现了中央对国家公园体制试点建设的政策导向和项目引领作用，有力地支持了各国家公园体制试点区各项建设工作，为国家公园体制试点健康有序推进创造了有利条件，奠定了良好基础。与此同时，各个国家公园体制试点所在省市在人员和机构运行、国家生态保护修复等方面配套40亿元，积极主动推进试点工作。经过持续的探索实践，国家公园体制试点取得了重要进展，主要体现在五个方面。

（一）初步理顺了试点管理体制

各试点均建立起以国家公园管理局为载体行使管理职能的分级管理架构，国家公园内全民所有自然资源资产所有权实现了中央政府和省级政府分级行使，并形成了以东北虎豹国家公园体制试点为代表的中央直管模式和公园内部“管理局—管理分局—保护管理站”跨区域跨部门的管理模式。以大熊猫和祁连山国家公园体制试点为代表的中央和省级政府共同管理模式，以三江源和海南热带雨林等国家公园体制试点为代表的中央委托省级政府管理模式。

（二）不断完善制度保障体系

国家公园管理局全力推进国家公园顶层设计，开启研究编制《国家公园法》《国家公园设立标准》等相关工作。10 个国家公园管理局也陆续开启各自的国家公园总体规划、条例以及管理规范和技术指南的编制工作，制度保障体系正在不断完善。如三江源试点区制定了科研科普、生态管护、特许经营、项目投资等 10 项管理办法，《三江源国家公园条例（试行）》已于 2017 年 8 月正式实施。

（三）大胆探索了社区协调发展制度

各试点在探索人人参与、生态保护补偿机制方面取得丰富经验。按照管理需要设立了生态管护公益岗位，吸收当地居民参与国家公园保护管理，依法依规提高公益岗位的收入和福利待遇。探索建立健全森林、草原、湿地、荒漠、海洋、河流、耕地等生态保护补偿机制，制定国家公园生态保护补偿政策，明确生态保护补偿标准。健全完善社会参与机制，鼓励当地农民优先参与特许经营活动，引导当地居民发展生态旅游、林下经济、绿色农业，推进产业转型升级，实现农民增收。

（四）落实突出生态保护理念

各国家公园体制试点利用中央资金支持生态保护与修复工程，坚持把生态保护摆在第一位，积极开展生态保护与修复工作，探索集体林地改革，加大工矿企业退出力度，有序实施生态移民搬迁，有效地保护了公园内重要资源和生态环境，自然植被覆盖率得到提升，在一定程度上改善了野生动植物栖息地环境，扩大了野生动植物种群数量及生存空间，不断促进自然生态系统的完整性和原真性保护。如东北虎豹国家公园体制试点监测结果显示，东北虎豹种群明显增加，监测到新繁殖的老虎幼崽已达到10只，新繁殖的幼豹至少6只。神农架国家公园体制试点按照“补充和完善手续一批，关停、生态修复一批，拆除一批”的总体要求，对涉及省级以上自然保护区的29处整改事项进行系统整改，破解了影响环境的突出问题。大熊猫国家公园体制试点将分散的保护地进行整合，有效改善大熊猫栖息地的连通性，开展生态廊道建设，融合大熊猫种群，较好地恢复了生态系统。

（五）营造了科普宣传氛围

各试点公园积极建设科普宣教设施和标牌标识系统，已成为当地开展自然教育、科学普及和居民生态体验的重要活动场所之一，宣传教育氛围良好。国家公园体制试点建设了11座科普宣教馆，在道路和巡护步道两旁，随处可见科普宣传标牌、森林防火警示提示牌等。如四川省利用试点支持资金安排了大熊猫科教中心场馆和宣教标牌建设。神农架国家公园体制试点成功举办中国首个“文化和自然遗产日”活动启动暨中国世界自然遗产推进会，联合国教科文组织副总干事为神农架世界自然遗产地正式授牌，发布了《神农架宣言》。完成神农架国家公园徽标（LOGO）、标识应用系统（VIS）及宣传语征集、发布和启用，并开展了商标注册及知识产权的登记工作。开展了大学生实习和志愿者招募工作，成立了神农架国家公园金丝猴保护基金会，彰显公益属性，鼓励引导社会参与。普达措国家公园体制试点建成1500平方米的科普教育展示厅，建设了生态教育设施，为科研监测与自然教育活动的开展提供了重要载体，并于2017年由云南省人民政府认定为云南省科普教育基地。

二、面临的问题和挑战

通过国家公园体制试点中央预算内投资项目的实施，各国家公园体制试点建设工作取得了一定的成绩。但由于目前尚处于体制试点阶段，部分环节尚未完全理顺，故在项目实施过程中，还存在一些问题。

（一）“多头管理”问题尚未根除，管理机构建设滞后

各国家公园管理局成立时间较短，三江源、神农架成立于2016年，武夷山、南山、东北虎豹成立于2017年，普达措、大熊猫、祁连山成立于2018年，海南热带雨林、钱江源成立于2019年，且由于国家公园管理体制尚在试点阶段，存在“拼盘”现象，不同保护地存在着毗邻、交叉、重叠等区域，不同保护地由不同部门进行管理，机构设置重叠问题明显，导致管理部门之间管理职责不明晰，严重影响了管理效率和保护成效。此外，部分试点分级管理体制虽已确立，但下级机构组建、机制建设明显滞后，如大熊猫各级国家公园管理机构之间事权划分不够清晰，基层管理缺位，内外部运行机制整体不畅，运行起来掣肘。还有部分试点管理局为事业单位，未明确相关事权，无法实施相应的行政职能。

（二）总体规划编制滞后，建设方向不够明确

除三江源外，大部分国家公园总体规划于2019—2020年期间编制完成，滞后于各国家公园试点批复时间3—4年，导致试点初期各地对国家公园体制试点的重点和方向缺乏清楚的认识，国家公园整体布局、功能结构划分也不确定，多数国家公园体制试点仍沿用原国家森林公园或自然保护地的建设内容和标准，使一些前期工作缺乏科学性、整体性和系统性。

（三）项目谋划存在缺陷，偏离试点设立初衷

目前，各国家公园体制试点在其自然资源确权尚未完成，本底情况尚未理清的情况下，多数仅就监测、宣教、生态保护等单个目标开展相应的项目建设工作。同时，各试点建设项目申报体系尚不成熟，未形成由总体规划到专项规划及可行性研究，再到储备项目库的分步骤组织实施程序，上报项目的聚焦点和建设方向不明确，缺乏对生态保护整体性、资源利用合理性以及实际操作可行性的综合考虑和协同安排，偏离了保护自然生态系统原真性和完整性、与社区共建共享的体制试点设立初衷。

（四）试点建设资金未统筹整合，间接影响建设效果

目前国家公园体制试点资金渠道较多，相互间缺乏衔接，部分建设内容存在交叉重复，且考核侧重点不同，导致国家资金不能有效发挥合力作用。同时，项目资金下达渠道是由各公园体制试点所在省向国家申报，而部分基层国家公园管理机构与地方相关管理部门缺乏必要的沟通协调，导致项目申报和实施过程中存在一些制约，间接影响了国家公园体制试点项目的建设效果。

三、“十四五”时期国家公园发展的建议

国家公园建设是一项长期、艰巨和复杂的任务，必须持续支持国家公园体制机制建设，不断扩大和巩固成果。2017 年 9 月，中共中央办公厅、国务院办公厅联合印发《建立国家公园体制总体方案》，提出到 2020 年，建立国家公园体制试点基本完成，整合设立一批国家公园。2019 年 6 月，中共中央办公厅、国务院办公厅联合印发《关于建立以国家公园为主体的

自然保护地体系的指导意见》，进一步明确到2020年，要设立一批国家公园。因此，需要及时总结经验，做好顶层设计，主动谋划发展，提早规划“十四五”期间的工作。

（一）加强顶层设计，完善管理体制

加强顶层设计，制定出台《国家公园法》，加快制订《国家公园设立标准》和《国家公园空间布局方案》等制度文件。加快各国家公园总体规划的完善和审批工作，明确国家公园管理体制、性质和行政级别，整合相关行政单位执法职能，进一步明确国家公园的功能定位、保护目标、管理原则和管理主体，彻底根除“九龙治水”的顽疾，修正“碎片化”管理的体制弊端。同时，进一步明确各主管单位在建设项目中的权责。

（二）明确设立标准，有序推进建设

鉴于10个国家公园体制试点设立时间长短不一，建议“十四五”期间应优先布局体制试点工作完善的国家公园，对于准备新设立的国家公园，应明确设立标准，成熟一个设立一个。同时，依据各国家公园总体规划确定的建设目标和空间布局，按照轻重缓急原则，有计划、有步骤地推进项目谋划工作，优先形成由总体规划、专项规划、可行性研究，再到储备项目库的分步组织体系，并出台相关的配套制度与规定文件，实现项目建设的各个环节规范开展、有据可依。

（三）科学规划项目，理顺运行机制

研究制定国家公园建设项目申报、建设、运行等相关规范制度，完善各项机制，理顺申报流程，强化建设质量，规范运行管理。建立申报制度，各基层国家公园管理机构的项目需得到其项目所在国家公园管理局的批复文件，方可向地方发改委上报；各国家公园管理局应建立经专家评审

论证的项目库，按上级要求从项目库中选取适合的项目上报，并事前适当安排建库预算资金，确保事前、事中、事后对项目建设工程质量、资金安全、责任追究的全过程监督管理。

（四）明确建设方向，加强科技支撑

进一步明确国家公园中央预算内投资项目建设方向。建议“十四五”期间，整合国家公园领域中央预算内资金，主要投入到继续完善勘界立标、智慧管护监测体系、生态廊道建设、野生动植物资源普查、生态保护修复支撑配套体系、科普教育和游憩公共服务设施等领域。

加强与科研院所以及高校之间紧密的合作关系，补齐科技支撑短板。构建专属质询专家库，共建科学研究和生态监测体系，快速推进国家公园科学决策和科研监测体系建设。同时，加强国家公园基层管理和服务能力，注重技术人员的能力培训，使国家公园管理局的技术人员的能力得到迅速提升。

（五）拓展资金渠道，强化配套机制

统筹各中央资金渠道，设立国家公园建设专项资金，充分发挥中央预算内资金“四两拨千斤”的作用。通过中央资金的引导，创新投融资渠道，鼓励和引导金融及社会资本参与到国家公园建设和运营过程中来，增强经济增长内生动力，充分发挥市场配置资源的决定性作用。

进一步强化配套机制，各国家公园管理局应确保中央预算内资金项目后期配套管护的支撑保障能力，建立项目申报与项目后期运营维护挂钩的利益联结机制，在保障中央预算内资金项目的后期运营和维护同时，避免国有资产闲置的现象发生，进一步强化国有资金执行的绩效评价工作。

（六）建立社区共管，探索全民共享

探索建立社区共管、全民共享机制，以自然地理单元为整体实现跨区域联合共建，加强舆论引导，建立社区共管机制，推行参与式社区管理，打造“共建—共管—共享”型国家公园。在当地的原住居民中，继续吸引有志于国家公园管理工作的当地群众，以非国家编制方式承担管护岗位的责任。建立志愿者服务体系和居民科普宣传教育等全民共享体制，使国家公园的建设发展与区域发展协调进行。

四、“十四五”时期国家公园建设方向的建议

通过国家公园规划布局和长期建设，在“十四五”期间，平均每年拟设立3—5个国家公园，到2025年，根据管理可行性整合设立15—20个国家公园，总覆盖面积约占我国管辖陆域面积的4%，占我国管辖海域的2%，基本形成国家公园总体布局框架，初步建立以国家公园为主体的自然保护地体系。实现《关于建立以国家公园为主体的自然保护地体系的指导意见》提出的目标，即到2025年，健全国家公园体制，完成自然保护地整合归并优化，完善自然保护地体系的法律法规、管理和监督制度，提升自然生态空间承载力，初步建成以国家公园为主体的自然保护地体系。按照国家公园的保护、科研、教育、游憩、社区发展等功能，整合中央预算内资金，有序实施重要生态系统保护修复、生态保护修复支撑体系、自然资源管理体系、科技监测支撑体系、自然教育体验及宣教、公共服务设施建设、社区共建共享等。

（一）重要生态系统保护修复

强化主要保护对象及栖息生境的保护恢复，修复破碎化生态系统，连

通生态廊道，开展野生动植物资源普查、生物多样性保护、重要栖息地恢复和废弃地修复等措施。

一是加强自然生态系统保护恢复。按照生态系统的整体性、原真性、系统性及其内在规律，统筹管理国家公园自然生态各要素，对森林、草原、湿地、冰川等进行整体保护、系统修复，着力提升生物多样性保护服务功能，有效保护自然生态系统原真性、完整性。根据资源调查确定主要保护物种受损生境情况，因地制宜，采用以自然恢复为主、人工促进为辅的方法，开展受损生境修复。对受损不严重的区域，主要通过封山育林和人工补植补造等措施，使其恢复到最佳的状态。

二是促进野生动植物资源保护复壮。开展野生动植物资源普查，加强生物多样性保护，建设珍稀濒危野生动植物基因保存库、救护繁育场所、珍稀濒危植物苗圃，建立数字监测体系和保护管理信息系统，设立就地保护点，使其原生境得到有效的保护，建立种质资源保存库，保护珍稀、濒危、特有物种的种质资源和遗传资源。

三是建立完善古树名木保护体系。对国家公园一般控制区内人为活动区域的古树名木进行建档，建立古树名木管理信息系统，每年至少组织一次专业技术人员采取科学的抢救、治理、复壮等措施，对古树名木进行检查和专业养护。

四是着力生态廊道和迁徙通道建设，在调查评估主要保护对象种群现分布区及其种群扩散趋势的基础上，在空间上确定栖息地保护与恢复的优先区域，根据地形、野生动物种类及生活习性等设置野生动物通道，建立生态廊道、珍稀濒危动物迁徙通道，打通现有分布区和潜在分布区之间的阻隔。时间上在动物大规模迁移时段进行道路暂时性封闭。通道建设和道路暂时封闭需基于动物的分布区、栖息地选择、家域、迁移习性相关调查研究的基础上进行科学布局。

（二）生态保护修复支撑体系

着力建立健全体制机制，提高国家公园自然灾害预防和应急处置能力，提高民众的森林草原防火意识，提高国家公园有害生物灾害管理水平。一是提升森林草原防灭火能力。坚持“预防为主、积极消灭”的方针，应用现代远程视频探测监测技术和设施，完善国家公园森林草原防火体系，建设火灾预警监测体系、高效的防火扑火指挥系统、无线通信系统和信息化管理系统，健全防火宣传教育和培训体系，普及防火科普知识、火灾扑救和安全避险知识，提高民众的森林草原防火意识。二是提升森林草原有害生物防治能力。健全国家公园有害生物防治部门间协作机制，加强有害生物防治机构队伍建设，健全联防联治机制，建立毗邻区域间和国家公园内设部门间联防联治机制，明确责任，协同开展有害生物防治工作。加强与相邻区域的协作配合，完善疫情信息通报和定期会商制度，提高国家公园有害生物灾害管理水平。

（三）自然资源管理体系

选择边界清晰的国家公园，探索自然资源资产管理、有偿使用、特许经营、责任追究等管理体系建设。

一是开展自然资源本底调查。通过天地空一体化自然资源监测系统对国家公园的资源进行本底调查，建立国家公园本底资源基础数据库，通过对动态监测数据处理、加工和分析，建立监测数据处理分析系统，实现自然灾害和突发事件主动预警，及时发布预警信息。完善野外监测设施设备，建立天地空一体化自然资源监测系统，形成智能化、可视化、全天候快速响应的监测体系。

二是自然资源统一确权登记。以国家公园为独立自然资源登记单元，在对国家公园自然资源本底状况、权属情况等综合调查的基础上，按照《自然资源统一确权登记暂行办法》要求，对国家公园范围内水流、森林、山岭、荒地、滩涂、矿产等所有自然生态空间进行统一确权登记，构建国家公园自然资源资产基础数据库。建立统一的信息管理平台，建立自然资源登记信息依法公开查询系统，实现登记、审批、交易信息互通共享、查询和社会化服务，依法向社会公开登记结果，切实保护利益相关方的核心权益。

三是国家公园范围勘界立标。在保证生态系统原真性、完整性的前提下，充分考虑重要物种保护和繁衍需要，统筹自然生态系统的完整性和周边经济社会发展，构建重要原生生态系统整体保护网络，整合优化自然保护地体系，合理调整自然保护地范围并勘界立标，科学划定自然保护地功能分区。

四是自然资源资产管控评估。结合国家公园自然资源统一确权登记数据库，研究编制自然资源资产负债表，建立“国家公园自然资源资产负债表核算体系及数据采集平台”，客观评估国家公园在时间系列上所拥有的自然资源资产总价值，准确把握管理主体对自然资源资产的占有、使用、消耗恢复和增值活动情况，为国家公园保护管理综合决策、绩效评估考核、生态补偿、领导干部自然资源资产离任审计、责任追究等提供重要依据。

五是探索建立特许经营机制。在全面实行自然资源资产有偿使用的基础上，遵循保护第一、合理利用、永续发展的原则，探索建立“政府主导、管经分离、多方参与”的特许经营机制，明确特许经营范围、期限和组织形式，调动企业和社会各界，特别是当地社区参与的积极性。

（四）监测监管体系

完善管护体系，优化提升保护站点，配套巡护设备，优化巡护公路、巡护步道。建立资源环境监测体系和智慧公园，包括监管平台构建及运行维护、数据传输等，国家公园信息管理云平台及管理体系建设等。一是管护体系建设。综合考虑资源保护实施的管护线路情况，结合管理难度管护面积、行政区划等因素，按照便于管护、精简高效的原则，构建“管理局—二级管理机构—管护站”管护体系，进行分工管理。二是构建智慧国家公园系统。基于云计算、物联网、移动互联网、大数据等信息技术构建智慧国家公园系统，借助高技术的现有平台打造国家公园信息管理平台，建立一体化的智慧国家公园指挥中心和生态监测中心，建立标准统一、管理统一、功能完善、智能高效的监测评估体系，建立开放式大数据平台，形成空间管控一张图。三是强化科技支撑体系。进一步完善科研监测基础设施建设，加大与国内外科研或监测机构的合作与交流，加强基础科学研究，提高国家公园科研监测工作的科学性和规范性，促进科研监测工作的有效开展，注重人才队伍建设，培养和造就数量充足、结构优化、素质优良的人才队伍，建立完善的培训机制。

（五）自然教育体验及宣教

提升自然教育体验，推进宣传教育多元化，创造国家公园休憩、科教、娱乐和人文高度融合的健康氛围。一是标识系统建设。在国家公园与周围地区交界处主要山脊、山顶、交通路口、出入路口、旅游景点和人流较多的地方设置各类标识牌，其文字主要昭示规定、规则，宣传规章制度，向人们解释说明或提示注意进入国家公园应注意的事项，警示和限制人们进入国家公园活动。二是自然教育体验活动。坚持严格保护的前提下，按照绿色、循环、低碳的理念开展教育与体验活动，设计符合保护要求、体现国家公园特色的自然教育和生态体验项目，合理确定访客承载数量，加强自然教育与生态体验管理。三是建设自然教育展示基地。尽可能利用现有场馆建筑改扩建自然教育展示基地，包括规范化的科研教学实习基地，科普展示馆、实习基地、生态体验小区，VR 体验馆、自然学校等，提升科研教学宣传能力，为专家、学者、大中专学生等在国家公园开展科学考察及研究学习提供场所，打造生态体验线路。

（六）公共服务设施建设

以国家公园内基础设施现状和实际需求为依据，在遵守国家公园保护管理各项规定的前提下，加强公共服务设施建设，逐步退出与国家公园保护管理目标不一致的基础设施，建设和完善应急救助、绿道驿站等公共服务设施，提升公共服务能力。一是绿道驿站建设。通过对原有道路开展必要的提档升级，不断完善国家公园的道路网络，建设绿道驿站等公共服务设施，为游客在登山健身的同时，提供休闲养生、观光体验等体贴式服务。二是完善应急救助设施。依托管护站点、游客中心、驿站等站点，建设和完善应急救助站点和服务设施，提供必要的医疗救助服务。

（七）社区共管共建

开展传统产业转型（退出）扶持工程，扶持和规范原住居民从事环境友好型生产活动，支持和传承传统文化及人地和谐的生态产业模式。推行参与式社区管理，促进社区居民生活水平提高。

一是扶持发展绿色产业。开展传统产业转型（退出）扶持工程，引导、支持国家公园内原住居民社区和农垦社区从事环境友好型生产活动，支持和传承传统文化及人地和谐的生态产业模式，融合发展、绿色发展，实现国家公园社区可持续发展的目标。

二是推行参与式社区管理。引导社区以不同形式积极参与国家公园政策、规划的制定和实施，将其合理诉求在政策、规划中得以体现，保障社区对国家公园规划、政策制定与实施的知情权、参与权。坚持“易地搬迁户优先，就近管护，生产生活生态并重”的原则，根据需要设置公益岗位的数量，依法依规不断提高公益岗位的收入和福利待遇。引导社区参与国家公园生态恢复、环境提升、基础设施完善等公益性建设项目，使社区在参与国家公园建设和经营活动中扩大参与，增加社区收入。在符合国家公园特许经营条件的前提下，在经营者选择上给予原住居民和土地所有者适当的优先权，在特许经营资金回馈、特许经营项目工作人员聘用上给予当地社区、企业一定倾斜，鼓励当地社区、企业以个人、企业、联合体等多种形式参与特许经营项目。

三是入口社区建设。结合乡村振兴战略实施，在国家公园周边选择一些基础设施较为完善、文化遗产丰富、特色突出的城镇和村落建设一批入口社区和特色小镇，实现国家公园周边地区人口布局优化和就业转移，保护和保持传统城镇和村落布局、环境和历史风貌，通过提升和完善服务接待设施，提供特色访客接待服务，适度承接国家公园访客的餐饮、住宿、交通服务、物资补给等服务，吸引原住居民走出大山，使其成为国家公园访客接待的主体和集散节点。实现园内体验园外服务，尽可能减少人为活动对公园自然资源和自然生态系统的干扰和影响，带动当地社区发展。同时，严格控制入口社区的常住人口规模和建设利用强度，倡导绿色发展方式，严格禁止在入口社区从事污染性、破坏性生产活动，使入口社区的生产生活方式与国家公园的保护管理目标相一致。

双碳背景下“十四五”时期大宗固废综合利用发展建议*

一、大宗固废综合利用格局基本形成

党的十八大以来，我国把资源综合利用纳入全面加强生态文明建设“五位一体”总体布局。随着生态文明建设的深入推进和环境保护要求的不断提高，大宗固废综合利用作为我国构建绿色低碳循环经济体系的重要组成部分，既是资源综合利用、全面提高资源利用效率的本质要求，更是助力实现碳达峰碳中和、建设美丽中国的重要支撑。经过多年培育和发展，大宗固废综合利用规模水平不断提高、产业体系不断健全、政策制度和长效机制不断完善、创新实践不断取得突破，大宗固废综合利用由“低效、低值、分散利用”向“高效、高值、规模利用”整体转变取得积极进展。

（一）产业规模稳步扩大

“十三五”期间，我国大宗固废综合利用产业规模不断扩大，综合利用率不断提高，累计综合利用各类大宗固废约130亿吨。2019年，煤矸石、粉煤灰、尾矿（共伴生矿）、冶炼渣、工业副产石膏、建筑垃圾、农作物

* 作者马淑杰、张英健、罗恩华。原文刊于《中国投资》2021年15、16期合刊。

秸秆等 7 类主要品类大宗固废产生量约为 63 亿吨，综合利用量为 35.4 亿吨，综合利用率约为 55.9%，比 2015 年提高 5 个百分点。随着综合利用产业的快速发展，预计到 2025 年，大宗固废综合利用量将持续扩大达到 47.8 亿吨，综合利用率提高至 60.9%。其中，煤矸石、粉煤灰、工业副产石膏和农作物秸秆等品类大宗固废综合利用率较高，2019 年分别达到 70%、78%、70% 和 86%，对缓解我国部分行业原材料紧缺、提高资源利用效率、改善生态环境质量、促进综合利用产业绿色高质量发展发挥了重要作用。

（二）科技创新不断突破

“十三五”期间，大宗固废综合利用技术取得了长足进展。一方面，国家对固废资源化的科技研发重视程度不断增加，科技部将固废资源化纳入国家重点研发计划，科研院所、大型国企、专业化私企等参与大宗固废资源化科技研发积极性不断增强，尾矿胶结充填技术、钢渣有压热闷技术、铅锌共生氧化矿和锌浸渣强化熔炼技术与设备、工业副产石膏生产建筑石膏和纸面石膏板装备、工业固体废弃物生产新型墙材成套装备等一大批成熟先进的技术装备不断涌现。另一方面，生态环境部、工业和信息化部等部门先后组织编制或修订了《国家先进污染防治技术目录（固体废物处理处置领域）》（2017 年）、《国家工业资源综合利用先进适用技术装备目录》、《国家鼓励发展的重大环保技术装备目录（2017 年版）》、《首台（套）重大技术装备推广应用指导目录（2019 年版）》等技术目录，极大促进了大宗固废资源综合利用先进适用技术装备的推广应用。

（三）法规政策日趋完善

“十三五”以来，固体废物污染环境防治法、环境保护税法、资源税法等法律陆续修订出台，资源综合利用法正在抓紧制定，相关法律体系的不断完善进一步加强了综合利用产业链上下游企业的责任和义务，为我国大宗固废综合利用产业的高质量发展提供了良好的机遇和坚实的法律保障。例如2020年新修订固废法的实施为“十四五”的固废治理新篇章夯实了法治基础，资源综合利用法将对资源高效化利用产生积极深远影响。在政策方面，国家发展改革委牵头加强战略部署和顶层设计，先后于2019年和2021年印发《关于推进大宗固体废弃物综合利用产业集聚发展的通知》《关于“十四五”大宗固体废弃物综合利用的指导意见》《关于开展大宗固体废弃物综合利用示范的通知》，目前已培育形成了90个大宗固体废弃物综合利用基地、60个大宗固废骨干企业和60个工业资源综合利用基地，到2025年两类基地建设累计达到200个，将有助于形成多途径、高附加值的综合利用发展新格局。同时，随着节能环保等战略性新兴产业政策的实施，又将为大宗固废综合利用产业快速发展提供强大驱动力和良好政策环境。

受资源禀赋、能源结构、发展阶段等因素影响，我国大宗固废综合利用仍面临产生强度高、利用不充分、综合利用产品附加值低等严峻形势。目前我国大宗固废累计堆存量约600亿吨，年新增堆存量近30亿吨，量大面广。受制于经济水平、技术水平、市场条件等条件，仍存在固体废弃物的无序堆存和随意倾倒现象；赤泥、钢渣等部分品种大宗固废的综合利用率和安全处置率均处于较低水平；少部分废弃物通过资源化技术形成再生产品，但没有形成产业化规模等问题。

“十四五”时期，我国将开启全面建设社会主义现代化国家新征程，围绕推动高质量发展的主题，全面提高资源利用效率的任务更加迫切。如何落实碳达峰碳中和目标，切实转变发展方式，系统发力推动大宗固废综合利用效率大幅提高，实现大宗固废综合利用产业绿色高质量发展，需要立足新发展阶段进行全局性谋划。

二、大宗固废综合利用面临的新形势新要求

（一）新资源观要求资源高效利用

经济社会可持续发展，需要以资源可持续利用来支撑，而大宗固废综合利用已成为资源可持续利用的重要环节。推进大宗固废综合利用，是“十四五”时期大幅提高资源利用效率发展目标的重要部署。习近平总书记在党的十九大报告中强调“推进资源全面节约和循环利用”；党的十九届四中全会提出“实行最严格的生态环境保护制度，全面建立资源高效利用制度”；党的十九届五中全会做出了“能源资源配置更加合理，利用效率大幅提高，主要污染物排放总量持续减少，生态环境持续改善”的决策部署；“十四五”规划和远景目标提出要“加强大宗固体废弃物综合利用”“全面提高资源利用效率”。新资源观的确立，既是破解保护与发展突出矛盾的迫切需要，更是事关中华民族永续发展和伟大复兴的重大战略问题，为今后一段时期大力推进大宗固废综合利用指明了方向。

在我国从工业大国发展为工业强国的关键阶段，战略性关键矿产资源的有效供给对产业发展日益重要，固体废弃物的资源化和循环利用将成为资源供应的重要来源之一。例如，固废资源利用可深度资源化提炼废铜、废铅等多种再生金属及金银等稀有金属，粉煤灰、煤矸石、工业副产石膏、尾矿废石、建筑垃圾等已成为天然矿产资源的重要补充。因此，在新资源观的背景下，大宗固废综合利用既是源头解决突出环境问题的重要手段，更是提升资源利用效率的关键措施，能够为全面推动经济社会绿色转型、加快建设人与自然和谐共生的现代化奠定坚实的资源基础。

（二）双碳目标需要替代利用助力

2020年习近平总书记在第七十五届联合国大会上宣布我国“30·60目标”，碳中和成为各国的共同取向。党的十九届五中全会提出要“落实2030年应对气候变化国家自主贡献目标，锚定努力争取2060年前实现碳中和”。2021年《关于加快建立健全绿色低碳循环发展经济体系的指导意见》提出“建立健全绿色低碳循环发展的经济体系，确保实现碳达峰、碳中和”。双碳背景下，新的发展形式也对大宗固废的综合利用提出新的要求。开展大宗固废综合利用对节约和替代原生资源、有效减少碳排放等具有显著的协同效应，是实现碳达峰碳中和目标的重要途径之一。

由于大宗固废有着明显的资源特征，利用大宗固废制备建材，能有效减少开采、运输、破碎研磨等环节，综合节能降碳效益十分显著。例如，大宗固废生产砂石骨料，每综合利用1吨建筑垃圾可减少二氧化碳排放3.7千克；高炉矿渣作为水泥掺和料，每生产1吨水泥可节约50%的能源消耗；2吨农作物秸秆所蕴含的热值大约相当于1吨标煤，综合利用可减少2.66吨二氧化碳。大宗固废综合利用兼具环保、循环经济和节能降碳多种属性，将成为碳达峰碳中和背景下固废处置的“新主线”。为此，在“十四五”碳达峰的关键期、窗口期，要进一步强化大宗固废的合理和高效利用，有效降低单位国民生产总值资源消耗强度和二氧化碳排放强度，充分发挥对碳达峰碳中和目标实现的积极推动作用。

（三）区域转型亟待综合利用支撑

习近平总书记在党的十九大报告中强调“实施区域协调发展战略”。京津冀、长江经济带、粤港澳大湾区、黄河流域等国家重大区域的持续稳定是我国发展的重要基础。然而不容忽视的是，京津冀、长江经济带、黄河流域等重点区域都是大宗固废主要“贡献点”，而同时又是生态环境保护重要攻坚阵地，大量固体废物堆累将严重影响区域转型发展。例如，黄河流域是我国重要的生态屏障和重要的经济地带，更是我国的“能源流域”，其煤炭储量占全国 50% 以上，是我国重要能源、重化工和基础工业基地，上游榆林、鄂尔多斯、乌海、宁东等地煤矸石、粉煤灰和脱硫石膏等固体废物产量和堆存量均处于较高水平，自我消纳固废资源综合利用产品的能力有限，大量贮存堆积的固体废物对周边土壤、地表水及地下水等带来污染，进而对黄河流域水源和生态环境安全造成隐患。又如，内蒙古工业结构主要以电力、冶炼为主，建筑材料等主要利废行业产能严重过剩，且受季节影响较大，资源化利用途径不畅，产品附加值较低。

在新的发展阶段，亟须提高国家重大战略区域内大宗固废的综合利用能力，按照“重在保护、要在治理”要求，统筹推进区域大宗固废“减量化、资源化、无害化”，结合区域内大宗固废产排特点，积极探索多产业、跨区域的大宗固废协同利用机制，不断推进大宗固废综合利用绿色、高效、创新发展，对于实现国家重大战略区的生态保护和高质量发展具有重大的现实意义。

三、“十四五”时期大宗固废综合利用发展建议

立足于新发展阶段，“十四五”时期应纵深推动大宗固废综合利用发展，系统谋划、重点突破、整体推进、精准发力，实现大宗固废综合利用规模、速度、质量、结构、效益有机统一，助力实现碳达峰碳中和目标。

（一）全面提高大宗固废综合利用效率

一是推进矿业废弃物高效利用。一方面，推动矿业废弃物规模化利

用。以尾矿大规模低成本充填为主要发展方向，推广应用尾矿大规模低成本浓缩、大泵量高浓度井下输送、低成本尾矿充填胶凝材料等技术开展井下充填，修复采空区、塌陷地等。另一方面，推动矿业废弃物的高值化利用。大力推进尾矿再选、尾矿伴生有用组分高效分离提取、高附加值利用，推动提取有效金属后剩余废渣的规模化利用。加快推动非金属矿产业“近零尾矿”加工利用技术，低品位和伴生矿物选矿提纯及产品应用研发技术实现产业化。

二是推动工业废弃物高效利用。一方面，推动工业废弃物规模化利用。对于利用技术较成熟、应用范围较广、利用量较大的粉煤灰、煤矸石、高炉矿渣（水渣）、脱硫石膏等大宗固废，要积极推动与建材等利废产业的融合发展，在产业布局优化、制度配套、激励措施等方面鼓励固废作为原料替代原生资源，推动高效规模化利用。例如深入推动粉煤灰用于建材生产、建筑和道路工程建设、农业应用等；有序引导煤矸石发电及生产建材、复垦绿化等利用。另一方面，推动工业废弃物高值化利用。因地制宜开展煤矸石多元素、多组分梯级利用，积极开展提取有用矿物元素，重点推广煤矸石生产农业肥料等高附加值产品。大力发展粉煤灰基于有价元素提取的高值化应用，开发多元化综合利用产品体系。推动非金属产业废渣高质化利用，分区域分种类提升工业副产石膏综合利用质量。

三是加强农业固体废物高值化利用。大力推动农作物秸秆肥料化、饲料化、燃料化、基料化和原料化利用。根据农林废弃物资源的数量、品种，结合利用现状，因地制宜选择综合利用方式，统筹兼顾、合理引导能源化、工业化等综合利用，不断拓展利用领域，推动生物质能源替代化石能源。加强区域农林废弃物收储体系建设，鼓励利用农林废弃物生产纸张、环保板材、装饰装修材料、家具以及生物质能源材料等固碳产品。

四是拓宽建筑垃圾利用途径。加强建筑垃圾前段分选技术装备开发，在扩大生产再生骨料用于道路基层等产品规模的基础上，探索农林用土、矿山修复、回填及环境治理等利用方式。完善产品标准和应用技术规范，鼓励先进技术装备研发和工程化应用，推动建筑垃圾的收集、清运、分拣、加工利用、无害化处理、市场推广的一体化利用发展模式。

五是开展新型固废综合利用。探索建立退役光伏组件、风电机组叶片等新型固废回收网络，研发高效拆解、清洁利用的共性关键技术及设备，优选工艺路线，布局建设新型固废综合利用项目，探索可持续发展的商业模式。

（二）创新构建大宗固废综合治理模式

一是建立多产业协同利用模式。建立完善重点领域大宗固废综合利用产业协同发展体制机制，依托固废产生集中区域，健全大宗固废综合利用产业体系，贯通固废资源排放、处置、加工、流通、应用等环节，打破行业保护与壁垒，强化产业责任与分工。鼓励上下游企业采取合资、合作等方式，推进大宗固废综合利用与化工、水泥、煤电、冶炼等传统产业耦合链接，形成多产业协同融合发展模式，促进固废资源供需链与价值链的优化配置。

二是完善专业化运作模式。针对赤泥等多组分复杂难用大宗固废，依托专业公司，提升分选加工处理水平。强化大宗固废处置的商业运营，以固废资源综合利用为纽带，向固废资源的检验检测、诊断、评估评价、技术装备、产业化项目工程建设、标准规范、信息统计、金融服务、人才培训等产业链各环节延伸，形成具有竞争优势的服务型产业，构建产业链间协同发展的小循环，推动产业联动和耦合共生。

三是建立互联网 + 大宗固废综合利用模式。充分利用大数据、互联网等现代化信息技术手段，推动大宗固废产生量大的行业和地区建设大宗固废监管信息系统，对大宗固废产生、贮存、转运、利用等动态信息进行实时统计，完善基于信息数据系统的产业管理体系。建立完善大宗固废综合利用交易信息平台，为产废和利废企业搭建信息交流平台，分品种及时发布大宗固废产生单位、产生量、品质情况等，推动企业间、产业间、区域间加强信息交流，提高资源配置效率。

四是打造骨干企业示范引领模式。建立大宗固废综合利用企业领跑者制度，推动大型综合利用企业建设完善大宗固废综合利用设施，加大对关键技术装备绿色化、智能化改造，提高企业资源化利用率和无害化处置水平。定期发布“领跑者”企业名单，并给予政策扶持，加快培育具有成熟大宗固废综合利用处置能力的骨干企业，发挥示范引领作用，带动上下游产业协同发展，全面激活产业链，带动全产业绿色可持续发展。

（三）增强重点区域大宗固废消纳能力

一是培育跨区域产品联动市场机制。建立“增强共识、建立规则和推进共享”合作机制，推动培育大宗固废综合利用产品联动市场，形成产、供、销、用联动的格局。建立跨区域产品标准共享共用机制，建立从设计到施工全流程的大宗固废综合利用产品优先采用机制。鼓励大宗固废在区域间的流动，充分利用现有铁运、海运、水运能力，开展多式联运，推动重点区域固废综合利用率整体提升。如可考虑在京津冀及周边地区等重点区域，充分利用山西、内蒙古等地尾矿、废石、粉煤灰等存量大宗固废资源补齐产能短板，为核心发展区域重大工程建设提供建材原料。

二是建立跨区域多部门联动政策机制。充分发挥区域中心城市或城市群市场资源丰富性和周边区域固废资源的充足性优势，鼓励将大宗固废综合利用产业融入区域协同治理框架之中。出台跨区域多部门协作联动相关制度和关键瓶颈问题申报处理机制，协力解决制约京津冀、长江经济带、黄河流域、粤港澳大湾区等重点区域产业协同发展的关键瓶颈问题。构建科学合理的大宗固废综合利用区域协同发展机制，制定固废综合利用区域协同发展的财税政策、科技创新激励政策、综合利用产品政策。

三是开展重大战略区综合利用试点。优先在京津冀、长江经济带、黄河流域等大宗固废产生量大、品种多的典型重大战略区域，因地制宜以基地形式开展应用示范试点，探索区域内大宗固废综合利用新模式。重点推进京津冀及周边地区产业废弃物大规模协同利用和清洁高效利用；充分发挥长江经济带的内陆低成本水运优势，推进区域产业废弃物协同利用、生态化高效利用，推动尾矿、磷石膏资源化处理与流域生态修复相结合；围绕生态保护，以市场化机制推动黄河流域存量废弃物规模化利用，在内蒙古、宁夏等地推动粉煤灰等品种综合利用和沙漠化、盐碱地、矿坑生态治理与修复相结合，修复后进一步开展植树造林或新能源产业，增强碳汇功能；推进西部地区有色金属采选冶固废高效提取有价组分生态化清洁利用；推动东北地区老工业基地产业废弃物协同利用的战略性新兴产业发展。

（四）建立健全长效推进保障体制机制

一是完善大宗固废综合利用标准体系。建立大宗固废综合利用领域的行业标准化机构，建立健全相关标准体系。完善综合利用产品设计、生产、使用等环节的全生命周期绿色标准。注重标准之间的协调、配合性，促进资源综合利用产品标准和建筑标准、施工规范等上下游产业标准之间的衔接，着力解决大宗固废综合利用产品应用的标准瓶颈问题。鼓励相关细分领域团体标准的制定，通过标准化手段，提高产品的市场竞争力和先进适用技术推广。

二是完善税收优惠政策。落实资源综合利用增值税、所得税、环境保护税等优惠政策，扩大综合利用产品税收优惠范围，探索将尾矿、煤矸石等大宗固废井下充填或回填列入增值税优惠目录。聚焦大宗固废综合利用重点领域，深入研究制约行业发展的税收制度瓶颈，针对赤泥、尾矿、建筑垃圾等大宗固废，研究出台符合行业特点的可操作、可落地、可实施的税收优惠政策。

三是加强科技创新支撑。积极推动建立固废利用科技创新平台、实验室、孵化器等，鼓励科技创新，实施重点研发计划，加快成果转化，突破复杂难用固废综合利用技术瓶颈。鼓励建立多模式的产业创新联盟，形成利益共享、风险共担的创新主体。加快发布大宗固废综合利用先进适用技术目录，分品种征集大宗固废综合利用关键共性技术，同时强化推广应用，遴选发布大宗固废综合利用先进适用技术目录和典型案例。

四是健全大宗固废综合利用评价制度。根据大宗固废综合利用技术研发的进展、标准制修订等情况，调整修订相关产品目录。坚持以市场化为导向，完善资源综合利用第三方评估评价机制，在财税减免、项目认定、技术评价等工作中积极引入第三方评估评价。在评估评价基础上，适时发布产品展示、市场需求、成果转化、技术推广等服务信息。

第五章

推动共建“一带一路”高质量发展

推进高水平"一带一路"国际合作的战略任务*

"十四五"时期，我国将全方位地加大对外开放力度，在当前的世界形势下，我国的对外经贸合作将面临历史性挑战。稳健、有序、高效地推进"一带一路"国际合作，将是推进我国发展战略的重要动力。

一、收关"十三五"，对外合作成绩斐然

（一）对外合作水平整体提高

对外贸易保持国际前列。2019 年，我国货物贸易进出口额达 4.58 万亿美元，连续 3 年保持全球货物贸易第一大国地位；服务贸易进出口额达 7850 亿美元，稳居世界第二。

利用外资水平不断提高。2016—2019 年吸收外资合计达 5496 亿美元，稳居全球第二大外资流入国。自贸试验区数量由 4 个增至 21 个。2020 年我国营商环境排名跃升至第 31 位，连续 2 年跻身全球营商环境改善最快的前 10 个经济体之列。

对外投资规模世界居前。2016—2019 年，我国对外直接投资合计

* 作者杜贞利，正高级工程师，中国国际工程咨询有限公司对外经济合作业务部主任。原文刊于《中国投资》2021 年 3、4 期合刊。

6344亿美元；截至2019年末，在188个国家和地区设立了4.4万家企业。主要投向租赁和商务服务业、制造业、批发和零售业等领域，累计带动出口5000多亿美元。“走出去”企业外籍员工超220万人，促进当地产业发展、民生改善。

（二）“一带一路”合作亮点频现

2016—2019年，我国对“一带一路”沿线国家货物进出口总额4.6万亿美元，占外贸比重提升至29.4%。中欧班列全年开行累计超过2.1万列，通达欧洲18个国家、57个城市。全年对沿线国家非金融类直接投资150.4亿美元，完成对外承包工程营业额979.8亿美元，增长9.7%，占对外承包工程总额的56.7%。同时，沿线国家企业也积极来华投资兴业，去年在华新设企业5591家，增长24.8%；直接投资84.2亿美元，增长30.6%。

建立多边经贸合作机制平台。成功举办两届“一带一路”国际合作高峰论坛，设立中国—上合组织等经贸合作示范区。截至2020年11月，中国已同138个国家和31个国际组织签署201份共建“一带一路”合作文件，累计建立90多个贸易投资等双边工作组，与22个国家建立了电子商务合作机制，与14个国家签署第三方市场合作文件。

重大项目和园区建设稳步推进。中老铁路、埃及铁路等一批重大项目取得积极进展，缅甸皎漂特别经济区深水港项目扎实推进，中巴“两大”公路（喀喇昆仑公路、白沙瓦至卡拉奇高速公路）建设完成，中俄同江、黑河大桥合龙，中尼樟木—柯达里口岸恢复通关，阿联酋哈利法港运营，“六廊六路多国多港”互联互通架构基本形成。我国企业在“一带一路”沿线国家建设的境外经贸合作区已累计投资340亿美元，上缴东道国税费超过30亿美元，为当地创造就业岗位33万个。

积极开展教育、科技、文化等领域合作。与沿线国家互办艺术节、电影节、音乐节、文物展、图书展等活动。设立“丝绸之路”中国政府奖学金项目，与24个沿线国家签署高等教育学历学位互认协议，2019年沿线国家3.87万人接受中国政府奖学金来华留学；与沿线国家双向旅游人数超过8500万人次。

二、迎接“十四五”，提质升级挑战严峻

（一）高质量合作对国家治理能力和营商环境提出更高要求

部分“一带一路”沿线国家治理能力有所欠缺。部分国家政权稳定性较差，经济发展条件缓慢，社会安全威胁较高，地缘政治风险突出。与这类国家开展经济合作项目，缺乏公平透明的机制和民主监督，不可避免地导致腐败和寻租，很有可能成为西方舆论攻击和干涉我国经济活动的弱点。

“一带一路”沿线国家的营商环境复杂多样。沿线国家众多，具有不同的历史文化、社会发展、商业习俗等，对双方国际合作提出很高的要求。大多数国家经济体量不大，对大规模项目的容量有限，而不同国家之间的项目经验不具备很强的可复制性，这都在不同程度上影响了政府间的沟通效率，增加了企业投资运营成本和项目人力资源需求。

（二）产业合作处于初级阶段，高端市场破壁难度较大

产业合作多集中在基础设施以及产业链的低端环节。沿线国家的经济发展水平不高，很多是依靠低廉劳动力优势，参与劳动密集型的基建、制造类产业，需要国外的技术和资本支撑，无法自立发展，容易产生价值链

中低端锁定的情况。我国企业在参与当地产业发展的初期，受制于当地产业条件和企业自身战略需求，产业合作也偏向低端。

高端产业面临发达经济体的竞争，优势不够明显。欧美、日韩等国的企业在“一带一路”沿线国家的布局要早于我国，具有较为明显的先发优势，对当地高端产业和市场的渗透程度要远高于我国。汽车、消费电子、资源加工等产品附加值较高的产业已经形成一定程度的壁垒，我国企业作为市场的新进玩家，竞争难度较大。

（三）中资企业的同质化竞争严重，不利于市场培育

我国工程承包企业实力快速增强，2020 年进入 ENR 前 250 家国际承包商行列的中资企业数量达到 74 家，中国上榜企业数量继续蝉联各国榜首，上榜企业主要集中在交通运输、房屋建筑和电力行业。随着中资企业实力的提升，同质化竞争现象也日益明显。有些中资公司在国际市场开发上存在“重项目、轻效益”的问题，迫于合同和业绩压力不惜低价中标，不仅给项目执行带来困难，也给企业和国家造成利益损失。随着我国放宽境外投资审批，一批原本从未从事相关行业的私营企业也参与到工程竞标当中，进一步加深了市场乱象。

在海外经营中，部分企业囿于传统战略思维与经营模式，甚至有少数通过不正当手段同政府维系良好关系。这一做法可能引发腐败、恶性竞争以及工程质量问题等。长此以往会损害我国整体利益，也会影响“一带一路”建设的进程。

（四）合作风险主要体现在资金安全和营商条件方面

项目资金风险最为突出。“一带一路”涉及的国家已经过百，无论是基础设施的互联互通，还是国际产能合作，都需要大量资金支持。基础设

施互联互通是“一带一路”的优先领域，基建投资回报率低，且短期无法产生收益，资金的使用效率较低，尤其是重大项目建设和推进复杂性及艰巨性较强。据亚洲开发银行测算，2020年以前，仅亚洲地区每年基础设施投资需求就高达7300亿美元。庞大的投入从何而来将是一大难题，然而更为严峻的考验可能是债务国违约的金融风险。

除一般性的技术、市场风险外，部分“一带一路”沿线国家和我国产能合作重点国家属于政治、法律风险较高地区，国家政治不稳定、政府更迭或战争、汇兑限制、征收、国有化等重大事件，往往导致法律、协议终止等重大法律风险。还有一些国家民族、宗教、文化因素复杂敏感，都是企业依靠自身力量难以克服的风险。

三、开局“十四五”，以内为主积极向外

（一）以推动国内经济高质量发展为核心，指导国际业务开展

在“双循环”的新发展格局下，我国经济发展面临结构性调整。“双循环”是基于原有循环遇到问题所做的战略部署，主要围绕扩大内需消费、供给侧改革、创新驱动和内外结合四个方面展开，以应对我国经济发展中的各类问题。美国对我国商品加征关税，并通过所谓的国家安全等借口对我国产品和技术进行打压；芯片、半导体、材料等新技术领域的进口也受到以美国为首的西方国家的封锁。在我国商品出口和技术引进双向受限的形势下，我国国内经济也面临着结构性调整的需求，这就需要国内和国际循环格局做出新的结构性调整。

以数字经济、新基建为代表的新兴产业将是未来国内经济发展新动

力，也是我国企业实现弯道超车，深度参与国际竞争的重要基础。2020 年的政府工作报告中，提出“加强新型基础设施建设，发展新一代信息网络，拓展 5G 应用，建设充电桩，推广新能源汽车，激发新消费需求、助力产业升级”。国家发展改革委指出新基建发展的三个方面，分别为信息基础设施、融合基础设施和创新基础设施。“新基建”的内涵和外延将会随着产业和技术的发展进行更新和丰富。面对经济下行压力加大、传统基建投资边际效益下降和产业渗透率下降的挑战，推进新型数字基础设施建设是我国对冲疫情影响、优化投资结构、刺激经济增长的有效方法。把我国在新基建领域的成功经验到境外复制推广，将是未来国际合作的一个重要方向。

发展实体经济，完善建立强大的产业基础，加强跨境产业合作。“十四五”期间，我国需要把高质量发展着力点放在实体经济上，在关系国家安全的领域和节点构建自主可控、安全可靠的国内生产供应体系，把实体产业牢牢掌握在自己手中。在构建产业链的过程中，可以通过国际产能合作等方式，尝试跨境产业合作，充分利用周边国家的资源、贸易、通道优势，将部分产业链的上游或下游转移至相关国家，以提高产品的竞争力，扩大国际市场。

（二）全球经济发展形势严峻，合作模式需要创新

短期经济急速衰退，产业格局或将重新洗牌。受新冠肺炎疫情影响，当前世界经济形势正在面临着第二次世界大战以来最严峻的挑战。IMF 预测经济衰退的严重程度可能会超过 2008 年的全球金融危机，全球 90% 以上的经济体将同时进入衰退。根据世贸组织的《全球贸易监测报告》，2020 年全球商品贸易额将下降 9.2%、GDP 将下降约 4.8%，疫情严重地

区供应链上的某些环节可能面临破裂甚至消失，部分跨国供应链将会中断与重构，部分产业将会加速衰退与转移，全球制造格局会将面临新一轮洗牌。

未来的经济恢复期内，将呈现短暂的快速反弹和长期的缓慢恢复走势。随着疫苗研发成功、应急医疗体系的建立以及常态化的疫情防控，新冠肺炎疫情将在未来一两年内得到全面控制。各国特别是发达经济体将推出新一轮的经济刺激政策促进发展，《全球贸易监测报告》预测 2021 年经济将有所回暖，贸易额和 GDP 将分别反弹 7.2% 和 4.9%。后疫情时代的全球经济将在变革中逐步恢复，甚至有些地区国家可能很快恢复较高速的增长。新冠肺炎疫情加速了国际格局演变，各国围绕实体经济的竞争更加激烈。一些发达国家反思“脱实向虚”的发展模式，甚至借疫情企图鼓动产业链“去中国化”“本土化”。我国对外合作的模式需要根据形势不断创新，从产业走向产品、从劳务走向服务、从低端走向高端，才能保持全球范围的竞争力。

（三）应对新冠肺炎疫情的治理方式体现了大国的形象和担当

我国对于疫情的快速反应和高效治理已基本使疫情在全国范围内得到了有效控制，预计将成为全球范围内最先进入“后疫情”时期的国家。尽管国际国内疫情的后续发展可能会有反复，但是以国企为代表的国有经济正在努力承担起引领国内经济复苏的职责，中国将会获得优先于全球经济复苏的“抢跑权”。

随着全球疫情的快速蔓延，对新冠病毒研究不断深入，新冠病毒将与人类长期共存已经基本达成共识。在疫情的刺激下，社会发展中积累的问题找到了爆发的突破口，疫情成为各国政府治理能力的试金石。疫情初期，全球治理典范的美国对待防疫漫不经心的态度使得很多唯美国马首是瞻的西方国家错过了最佳窗口期。而中国政府则体现了非凡的治理能力，不仅为各国防疫提供了经验参考，还在第一时间对许多国家伸出了援助之手，展现了大国担当，得到了国际社会的广泛赞誉。全球都在借鉴中国的抗疫经验，中国的国际声誉和影响力将进一步提升。对于全球的民众来说，中国的形象将更加立体、丰富，人类命运共同体的理念将更加凝实。这无疑是对中国形象最好的宣扬，为我国企业开展国际合作打下了坚实的民心基础。

（四）逆全球化思潮可能会引发新的多元平衡格局

美国特朗普上台以来实行的贸易保护主义、欧洲发达国家对于移民强烈抵制的情绪和提升极右翼政党地位等都是“逆全球化”思潮有所抬头的表现。新冠肺炎疫情持续蔓延，让部分国际舆论将其归咎于“全球化”。疫情带来的恐惧和愤怒可能代替理性，刺激民众成为贸易保护主义等短期利益的拥护者。这样的趋势也跟近年风行的民粹潮流达到共振。各国政府应对新冠肺炎疫情所采取的部分封闭隔离措施更是助长了“逆全球化”“排外主义”的思潮的气焰。

疫情过后，全球化可能走向“去中心化”“有限的全球化”。主要经济体在事关政治和社会稳定、国家安全和基本民生领域将会出现强调自主可控、避免依赖国际制造业分工和国际贸易体系的思潮。这将促进世界范围内的多元化经济发展趋势，使各区域的经济体系在现有基础上进行升级扩张，从禀赋特质、发展基础、产业体系看，最有可能形成以中国为代表的东亚地区、以美国为代表的北美地区和以欧盟国家为代表的欧洲地区三大核心经济体系为引领，并形成新的多元化平衡格局。

四、展望“十四五”，全面开放任重道远

（一）政府整体统筹规划，实现顶层战略对接

积极对接沿线各国发展战略，共商共建互利共赢。共建“一带一路”是一项庞大复杂的系统工程，需要大量的资源支持。在我国当前的形势下，并不可能在沿线所有国家全部做到深耕细作。为了共建“一带一路”建设合理有序推进，应主动对接所在国需求，发掘区域发展的“最大公约数”，寻求我国与所在国的共同关注项目。

与沿线各国合作启动共建“一带一路”总体规划工作。要坚持求同存异，充分尊重沿线每个国家的意见和建议，通过沟通协调解决意见分歧；要坚持权责明确，明确各国任务分工，在共商共建共享的原则下开展合作；要坚持有序推进，率先推进一批关键通道、关键节点、关键领域的重大项目，形成示范效应和全局带动力。根据“一带一路”建设总体规划，沿线各国应在交通、能源、金融、科技、文化等领域共同制定专项规划，丰富规划层级，细化规划内容。沿线各国应共同开展行动方案编制工作，明确落实规划的时间表和路线图。要建立对“一带一路”行动方案和实施项目的动态评估机制，每隔2—3年，对上一阶段的规划执行情况、建设进展进行科学评估，及时总结经验、发现问题，并对规划和实施方案进行一定程度的修编和调整。

搭建合作平台，落实战略和规划项目落地。利用先期“走出去”企业的国际化经验、市场渠道、人才队伍和合作平台，推动我国企业的优势产能转移，以及装备、技术、标准和服务进入国际市场。选择试点合作平台，提升合作包容性，吸纳更多的国外企业共同参与建设，利用平台优势开展国际合作，加快“一带一路”项目落地，落实战略合作任务。

（二）加强各种形式的国际合作，推进产业国际化进程

深化区域产业合作，加强与周边国家、新兴市场联系。新兴市场需要提前培育，跨国产业需要依托战略布局。欧美、日韩等国家的国际化进程在我之先，在多数“一带一路”沿线国家的产业布局比我有先发优势。但“一带一路”概念提出以来，我国与沿线国家的经贸合作快速发展，已经取得了一定的成果。加强我与沿线国家的互利合作，扩大利益汇合点，培育发展新动能，在更大范围、更高水平、更深层次开展区域合作，与各参与国家协同产业发展，共同分享发展红利，是开展“一带一路”国际合作的重要任务。

发挥我国自贸区的对外开放优势，推动贸易和投资自由化便利化。自贸区的建设和发展正处于追求创新、飞速发展、不断尝试的初级阶段，扩大对外开放的战略思路将在自贸区得到集中体现。在自贸区的政策体系下，吸引境外企业来华投资，引进先进技术、高端产业和境外资金落地，将对我国产业结构的转型升级起到带动引领作用。优化营商环境，推动贸易和投资的便利化改革，是打造“双循环”新发展格局的基础。

提升能力、拓宽领域，加强工程承包行业综合竞争力，打造工程建设强国。形成一批世界级的对外承包工程企业；培养一批具有国际化经营管理能力的人才队伍；打造一批综合效益好、社会影响力广泛、绿色环保的示范项目；推动中国建设品牌得到国际社会普遍认可和好评。建立一套完善、规范、科学的对外承包工程管理体制机制，促进服务有效、监管保障有力、便利化水平大幅提升。更好地服务我国经济社会发展和对外开放大局，有效促进项目所在国和世界经济发展。

（三）推动金融体系、人才培养、资源储备的国际化布局

用好金融手段，助力项目落地，发挥项目和资金整合优势。搭建企业

海外投资保险统保平台，支持、鼓励和引导“走出去”企业建立完善风险保障机制。加快亚投行、丝路基金、金砖国家新开发银行等多边机构的发展，同时嫁接好国内政策性银行和保险机构，积极推动人民币国际化，对积极参与“一带一路”建设的商业金融机构，实行灵活多变的金融政策。借助多边金融机构的力量，运用各类投融资工具，降低企业融资成本。在重大项目建设中积极引入国内金融机构资本、所在地资本和国际专业投资机构资本，实现投资主体多元化，共享成果、共担风险，保障项目成功运作。

建立多渠道人才交流机制，培养国际合作人才。利用留学、交流、培训、合作等多种方式，加强国际化人才的培养。培养熟练语言技能、熟悉国别环境、熟知专业领域的复合型人才，为国际合作提供储备力量。为不同层次的人才提供差异化培养环境，可根据企业、政府需求，尝试学校和企业、政府的联合培养，为国际化培养学有所长、学有所用的定制化人才。

重视资源供应渠道，保障产业需求。矿产、能源、粮食等战略资源的储备需要全球布局，以保证我国产业发展需求。可通过直接投资或股权投资，弥补国内供应缺口，增强我国在产业链上游原材料、能源等领域的话语权。要改变传统思维，不必过分追求绝对控制权，可采用参股、合作、金融产品等手段，降低对单一项目的参与度，扩大合作范围，从整体上增强话语权，减少合作阻力。

（四）打造民族品牌，承担国际责任

培育一批具有国际影响力的企业。面对供给侧结构性改革，在国内寻求增量的难度日益增大，向国际市场寻求增量是重要方向。开展高水平的

国际合作，需要培养中国企业作为开路先锋，集合全球范围内的创新资源，通过引进消化和二次创新，加速企业发展，提升核心竞争力，探索开放合作创新的路径，形成一批具有国际水平的头部企业。“一带一路”沿线各国具有广阔的市场空间，新兴经济体的市场增量潜力巨大。通过抢占新兴市场，积累经验、口碑和实力，形成自主知识产权，生产出获得全球范围认可的民族品牌产品。

监督企业积极履行社会责任，促进当地发展。通过多重策略推广建设重大项目及相关企业良好的社会责任形象。积极采取“本地化、属地化”发展策略来扶持当地发展，提高当地居民的文化素质与就业技能，雇用、选拔、培养本土员工，为当地创造就业机会，改善民生，培育重大项目建设的社会支持土壤。遵守本地的法规、风俗习惯和宗教传统，将本土化作为一项长期工作来做好。积极参与我国政府及社团在“一带一路”沿线国家开展的援助和公益活动，在宣传国家形象的同时传播企业形象，通过向当地公众展示我国重大工程的建设成果来推介重大项目落户当地的益处。

高度重视“一带一路”重大项目正面形象和舆论宣传工作。企业要将形象的塑造与传播贯穿于重大项目建设的全过程：充分了解当地的国情、民情，明确要贯彻的建设理念，据此对形象攻关与推广活动进行系统化设计；要对可能的负面舆论传播做好预案，预测可能会被重点攻击之处，提前展开预防应对；为防止形成负面舆论气候，企业在项目早期就应着手营造正面舆论氛围，对公众预期的工程拟像进行包装。

第六章

国资国企改革

“十四五”国有资本布局新经济战略思考*

由新一轮科技革命和产业变革推动，以新产业、新业态、新商业模式为特征的新经济，是发展现代产业体系、占领未来产业发展先机的“先手棋”。党的十九届五中全会也提出了“加快发展现代产业体系，推动经济体系优化升级”的要求。国有资本目前在新经济领域的影响力较弱，“十四五”期间加大战略布局力度，对于促进国有经济的结构优化和布局调整，推动经济体系优化升级，具有重大意义。

一、国有经济在新经济领域的总体布局情况

（一）国有企业在中国企业500强中的布局情况

根据中国企业联合会、中国企业家协会编制的《2020年中国企业500强发展报告》，2020中国企业500强实现营业收入86万亿元，大致相当于2019年全国国民生产总值99万亿元的86.81%；增加值大约为25万亿元，相当于国民生产总值的约1/4，成为支撑中国经济发展的主力军。相比于2019年，营收增长8.75%，利润增长20%。

从企业构成来看，2020中国企业500强中，国有企业为265家，民营

* 作者刘富荣，研究员，中国国际工程咨询有限公司国防业务部主任。原文刊于《中国投资》2021年5、6期合刊。

企业为 235 家，占比分别为 53%、47%。

在行业分布上，国有企业在采掘、电力、军工、公用事业、交通建设、电信、金融等具有资源性、基础性、公共性和安全性特征的行业具有优势。民营企业则在一般制造、物流运输、互联网服务、零售业、房地产等领域更加突出。

（二）国有企业在我国新经济企业 500 强中的布局情况

中国新经济以新产业、新业态、新商业模式为代表，发展迅速，形成了经济全面转型升级的新动能。2019 年，我国“三新”经济占 GDP 比重达到 16.3%，增速达到 9.3%，近 3 年年均增速比 GDP 现价年均增速高出 2 个百分点，说明新经济已经形成经济发展新动能，对国民经济产生明显的拉动效应。尤其在 2020 年新冠肺炎疫情期间，我国经济增长受到重创，但具有明显新经济特征的信息传输、软件和信息技术服务业，实现了超过 10% 的同比增速。

从企业构成来看，在新经济 500 强企业中，民营企业数量为 426 家，占比 85%；国有企业数量为 74 家，占比 15%。民营新经济企业具有很高的发展质量，榜单排在前 10 名企业中，民营企业数量达到 8 家；前 50 名企业中，民营企业数量达到 40 家。民营企业已成新经济发展主力军。

在产业构成方面，先进制造业企业占比最高，达 51.2%；其次是互联网与现代信息技术服务业、新型生活服务活动企业，占比分别为 15.6% 和 14.0%。其他行业领域分布中，现代生产服务活动占比为 7.0%，现代技术服务与创新创业服务业占比为 4.0%，新型能源活动与现代综合管理活动占比均为 2.8% 左右，节能环保活动与现代农林牧渔业占比较低，分别为 1.8% 与 0.8%。

国有资本在新经济领域布局偏弱，面临新一轮产业变革的巨大挑战。中国企业500强中的国有企业占比53%，新经济企业500强中的国有企业占比15%，说明国有经济在传统产业领域比重较大，在新经济领域的比重相对较小。中国企业500强中千亿级以上的企业所处行业分布居前的分别是：银行、资源、能源、工程建筑、汽车及零配件制造，面临新一轮产业变革和迎接新经济发展的重大挑战。

大型民营企业、独角兽企业、部分改制国有企业是推动新经济发展的主要力量，三者虽然在不同产业领域发挥各自不同的作用，但是国有企业的影响力相对不足，而且还有进一步减弱的风险，在“卡脖子”领域尤其突出。以集成电路为例，在过去的60多年里，我国的半导体工业从一个完全由政府拥有的国防工业的一部分，到国有企业作为唯一的参与者，逐渐走向一个更加市场化的发展模式。但是从20世纪90年代末开始，国有经济在集成电路领域影响力逐步减弱，截至2019年，我国半导体消费总量3000多亿美元中，只有略高于15%是由中国本土生产的，其中内资企业制造的产量只有3%左右，国有经济占比更少。伴随着市场化和全球化竞争的推进，国有经济在“集成电路”等战略性新经济领域的影响减弱，严重受制于人的问题暴露出来，其深刻教训和内在逻辑需要认真反思和剖析。

二、“十四五”国有资本布局新经济要实现重大转变

（一）传统的规模经济投资策略，不适应以知识经济和数字经济为代表的新经济

工业化时代规模经济是其主要特征，而新经济时代，知识产权、数据

等无形资产成为知识经济、数字经济的主要特征，成为企业投资的主要目标。从研发强度来看，中国企业 500 强研发强度平均为 1.61%，其中 231 家制造业企业的平均研发强度（企业 R&D 投入占营业收入的比重）为 2.18%，126 家服务业企业的平均研发强度为 1.01%，相比于新经济领域的研发强度，如生物制药平均研发强度为 20%、半导体为 16%、软件为 14%，差距很大。国有经济长期在传统领域从事规模经济，要逐渐调整为创造和捕获知识产权和数据，是适应新经济的重大转变。

（二）传统产业惯性大，不适应战略性布局调整需要

国有经济所在的多个传统产业（如能源资源类）已经发展成熟，根据新的制度理论，由于企业倾向于遵循既有规则、保持原有相对稳定的垄断地位，将直接或间接影响企业布局调整的规划和实施，这些都是传统产业固有的惯性。

对于处于竞争日益激烈环境中的企业（如集成电路、智能汽车制造领域），虽然也已经意识到企业战略性重组和布局调整的重要性，但是这些战略调整通常会增加公司的业务风险、财务风险。由于战略调整对公司业绩的影响是滞后和持久的，现有的业绩考核机制下，这些短期的不确定性也会直接或间接影响企业布局调整的规划和实施，这些都是体制固有的惯性。

由于目前国有企业的战略布局衡量标准不完善，以会计衡量标准替代战略衡量，往往不利于新经济领域的战略布局。为了更好为外部利益相关者识别公司战略信息，为监管者提供新的视角，需要对企业战略布局的评价考核标准进行较大转变。

立足单个企业或单个产业的分散布局策略，不适应营造产业生态发挥

体系效能的需要。新经济领域具有很强的产业融合性特征。波士顿咨询公司对数字经济的研究表明，许多产业生态系统需要从其他行业引入专业能力，80% 以上的数字生态系统包括来自 3 个以上行业的专业能力，50% 以上需要超过 5 个行业的专业能力。大部分数字产业生态系统平均有 27 个合作伙伴，最成功的领先者的数字生态系统大约有 40 个合作伙伴，一个生态系统拥有的合作伙伴越多就会越成功。从国有企业在新经济领域的分布来看，总体上比较分散，国有资本在新经济领域的布局，需要从单个企业的利益，拓展到产业生态系统的构建。

对于国有资本的布局方向，国内存在如下两种不同观点：一种观点认为国有企业的微观效率不高，应主要布局国家安全、自然垄断、市场失灵的领域，在竞争性领域应当逐步退出；另一种观点认为国有企业虽然微观效率不高，但是体系效率高，应当在战略性领域发挥重要作用。在抗击疫情期间，国有企业发挥了重要作用，市场经济条件下的新型举国体制得到了很好的验证，只要克服企业的分散的利益诉求，将国有企业组织起来，联合民营经济，就能够实现系统效益的最大化。发挥市场经济条件下新型举国体制的优势，就是要充分发挥制度优势、整体优势、体系优势。国有企业在党的领导下，具备充分发挥体系优势的条件和战略性支撑作用的潜力。

综上，国有资本布局新经济领域，需要实现三大转变：一是投资策略要由规模经济向知识经济和数字经济转变，更加注重技术研发、数据、知识产权等无形资产的投入；二是对企业经营发展的评价要由短期财务效益向中长期战略评价转变；三是企业产业布局和技术布局，要由分散布局向生态系统营造和整体布局转变。

三、新经济发展的产业支撑

（一）新经济的主要特征

新经济是建立现代经济体系的重要组成部分。所谓新经济，是区别于以前的以传统工业为支柱产业、以自然资源为主要依托的新型经济。这种新型经济以高技术产业为支柱，以智力资源为主要依托。新经济之所以“新”，源于推动其产生与发展的原动力——信息、技术革命为特征的“新一轮科技革命和产业变革”。新经济的主要特征可以从宏观、中观、微观三个角度进行说明：

宏观经济角度，新经济的特性表现为可持续成长性，即在信息技术革命和制度创新基础上的经济持续增长与低通货膨胀率、低失业率并存，经济周期的阶段性特征明显淡化的一种新的经济现象。

从中观角度，新经济是以新产业、新业态、新商业模式为主体，由互联网为代表的新技术革命所推动，以信息化和产业化深度融合等为标志的一种经济形态。

从微观经济的角度，其特征表现为知识经济和数字经济，即企业越来越注重将价值从有形资产转移到无形资产；价值从提供产品的企业，转移到不仅提供产品，同时提供高度个性化产品即服务的企业；企业可以方便地通过数据管理来降低成本。新经济企业的特点是营收增长更快，赢利能力更高，杠杆率低于整体股市，以及它们的定价往往具有较高的估值和较低的股息收益率。

（二）新经济的产业内涵

新经济的产业覆盖面和内涵不仅广泛，而且随着发展是在不断充实的。按照经济统计的行业分类，新经济产业主要是先进制造业和互联网服务业构成，其中互联网服务业又进一步分解为技术服务、生产服务、生活服务、现代综合管理等不同方面。新经济主要包括9个领域：先进制造业、互联网与现代信息技术服务业、新型生活服务活动、现代生产服务活动、现代技术服务与创新创业服务业、新型能源活动、现代综合管理活动、节能环保活动、现代农林牧渔业。因此，新经济的覆盖面不仅仅是指三产中的“互联网+”、物联网、云计算、电子商务等新兴产业和业态，也包括工业制造当中的先进制造、智能制造、大规模的定制化生产等。根据中国企业评价协会开展的年度“中国新经济企业500强”评价，2020年先进制造业企业占比最高，达51.2%；其次是互联网与现代信息技术服务业、新型生活服务活动企业，占比分别为15.6%和14.0%；其他行业领域分布中，现代生产服务活动占比为7.0%，现代技术服务与创新创业服务业占比为4.0%，新型能源活动与现代综合管理活动占比均为2.8%左右，节能环保活动与现代农林牧渔业占比较低，分别为1.8%与0.8%。

按照标准普尔的Kensho新经济指数分类，新经济主要专注于以下11类产品、技术及服务的产业：智能基础设施（智能建筑、智能电网）、智慧交通工具（无人机、自动驾驶汽车、先进运输系统）、未来安全（航天、机器人、赛博安全、智能边防）、可穿戴设备（面向消费者、军事和医疗用途的可穿戴和可植入技术）、无人机（远程操作或无人驾驶的空中、水下和水面无人机）、虚拟现实、清洁能源、新边疆（深空和深海勘探与开发前沿技术）、未来通信、未来金融（金融服务创新，包括支付、交易管理、融资和财富管理方面）、人类进化（机器人、可穿戴设备、虚拟现实、基因工程）、先进制造（3D打印、纳米操控）、按需经济、生态农场等。与我国战略性新兴产业、数字经济和新型基础设施的内涵比较接近。

“十四五”我国新经济发展的产业支撑。新经济既代表了未来产业，也是转变经济发展方式、优化经济结构、转换经济增长动力的重要力量。各国国情不同，任何国家很难在每一个新经济的各个领域都占据主导地位，因此需要根据自己未来的经济竞争力和国家安全战略，提出适合国情的产业发展战略，优先考虑对经济增长和安全至关重要的战略性新兴产业，在新经济的全球化分工中形成自身独特优势。我国总体上仍处于工业化向后工业化的过渡时期，新经济总体上处于蓄势待发的状态。“十四五”期间，国有资本布局新经济，一是要充分认识到我国工业化发展不平衡、不充分的国情；二是要从建设现代化经济体系的全局来看新经济。

从国情来看，长期以来，我国低成本、出口导向的高速工业化战略，造成了经济外部依赖度高、内需亟待开拓的内外动力失衡状况，经济安全风险加大、核心技术缺失、产业结构升级压力大等问题比较突出。从产业结构看，钢铁、石化、建材等行业的低水平产能过剩问题突出，高端产业和价值链的高端环节发展不足，关键装备、核心零部件和基础原材料等领域严重依赖进口和外资企业，高品质、个性化、高复杂性、高附加值的产品供给不足。从工业的数字化转型发展来看，互联网、大数据、人工智能和实体经济的融合仍需要深化，制造业信息化水平、智能制造能力都有待提升，中国工业软件水平落后、多数工业软件主要依靠国外企业供给的局面亟待改变。

从建设现代化经济体系的全局来看，需要对实体经济、科技创新、现代金融的协同发展高度重视，加快发展先进制造业，推动互联网、大数据、人工智能同实体经济深度融合。需要高度重视国家创新体系建设，强化战略科技力量，推动科技创新和经济社会发展深度融合，塑造更多依靠创新驱动、更多发挥先发优势的引领型发展。需要高度重视安全与发展，注重堵漏洞、强弱项，下好先手棋、打好主动仗，有效防范化解各类风险挑战。因此，国有资本在新经济的布局，需要从以下几个方面高度重视强化战略支撑。

以战略性新兴产业为引领。党的十九届五中全会通过的建议提出“加快壮大新一代信息技术、生物技术、新能源、新材料、高端装备、新能源汽车、绿色环保以及航空航天、海洋装备等产业”，指明了“十四五”时期发展壮大战略性新兴产业的方向和重点领域，战略性新兴产业涉及第一产业、第二产业和第三产业，是新技术、新业态、新模式最为集中的领域，也是改造提升传统产业的重要支撑，推动实现经济高质量发展的中坚力量，国有资本要加强布局。

高度重视数字经济的发展方向。党的十九届五中全会提出发展数字经济，推进数字经济产业化和产业数字化。数字经济，是数据驱动的经济，有以下几个特征：一是人机信息不对称，机器获取和分析信息能力超过人；二是学习的机器化和产业化（人工智能），机器获得自主化和规模化学习的能力；三是赢者通吃的产业组织，初期成本高、边际成本极低；四是无形资产超过有形资产，产生的经济价值难以被传统的经济核算体系体现；五是数据驱动型经济发展速度呈现指数效应和聚变效应；六是信息基础设施的脆弱性导致系统性风险。由于以经验为基础的政策和监管模式，适应不了经济发展速度，包括个人数据隐私、政治操纵和网络安全等方面的风险，国有资本要加强布局。

以新型基础设施为重要支撑。新型基础设施是以新发展理念为引领，以技术创新为驱动，以信息网络为基础，面向高质量发展需要，提供数字转型、智能升级、融合创新等服务的基础设施体系。新基建需要为中国的创新发展，特别是抢占全球新一代信息技术制高点创造基础条件。5G 作为信息高速公路，为庞大的数据量和信息量的传输提供高速传输，是信息社会的主动脉；工业互联网是连接人、机、物推动制造走向智造，与互联网共同构成信息社会的神经；数据中心是数据集中存储和处理的图书馆，人工智能完成机器智能化进程，是信息社会的云端大脑；大数据是数字经济时代的新电能和血液；芯片半导体构成信息社会的心脏。充电桩、城际高铁、特高压是在新能源汽车、城市群一体化、能源互联网的重要基础设施，是传统基础设施和信息化融合的基础设施，国有资本要加强布局。

四、“十四五”国有资本在新经济领域布局的策略建议

中央全面深化改革委员会第十六次会议通过的《关于新时代推进国有经济布局优化和结构调整的意见》提出，推进国有经济布局优化和结构调整，对更好服务国家战略目标、更好适应高质量发展、构建新发展格局具有重要意义。要坚持问题导向，针对当前国有经济布局结构存在的问题，以深化供给侧结构性改革为主线，坚持有所为有所不为，聚焦战略安全、产业引领、国计民生、公共服务等功能，调整存量结构，优化增量投向，更好把国有企业做强做优做大，坚决防止国有资产流失，不断增强国有经济竞争力、创新力、控制力、影响力、抗风险能力。因此，国有经济在新经济领域的布局要坚持战略性聚焦、系统性布局、体系化实施。

（一）聚焦核心关键技术、新型基础设施及安全领域

大国竞争的焦点是科技竞争，核心关键技术既是科技竞争的焦点又是

发展新经济的关键。我国一方面需要补短板扩瓶颈，另一方面需要加强战略前沿技术，塑造未来新优势。核心关键技术领域，由于投入高、见效慢、影响大、辐射广，兼具经济性、社会性、政治性，国有资本要发挥兜底作用和战略引领作用。主要布局方向为核心关键材料、关键芯片、高端元器件、新型显示器件、关键软件等，遗传细胞与遗传育种技术、合成生物技术、生物药技术等，风光水储互补、先进燃料电池、高效储能与海洋能发电等新能源电力技术，清洁电力、清洁能源等清洁技术。

重大基础设施事关国计民生和经济社会安全，发挥国有经济的影响力、控制力是重大基础设施安全重要保障。尤其是新型基础设施作为构建新经济的基石，需要充分发挥国有经济的作用。例如，5G作为信息高速公路，为庞大的数据量和信息量的传输提供高速传输，是信息社会的主动脉；互联网和物联网是连接人、机、物，构成信息社会的神经；数据中心和人工智能是信息社会的云端大脑。此外基于信息化、数字化、智能化的新型城市基础设施，智能电网、微电网等能源基础设施网络，均需要进一步发挥国有经济的影响力控制力。

国有经济是国家总体安全的保障力量，除了国防军工领域外，还需要在科技安全、网络安全、生物安全等领域发挥重要作用。例如国家生物安全风险防控和治理体系建设，网络空间安全，航空航天装备、海洋工程装备及高技术船舶等高端装备等。

数据是数字经济的核心，数字治理是数字经济发展的保障，数据资源是国家战略性资源，数字治理既是经济问题也是政治问题。数据驱动的经济是建立在控制数据的能力之上的。谁控制数据，谁决定哪些数据值得收集以及如何使用数据是具有社会广泛影响的关键政治问题。谁控制了数据，谁就控制了与数据交互的对象。无论是在各国还是在全球合作进程中，大数据和人工智能的治理都处于起步阶段。国有经济在战略性数据安全方面也要发挥重要作用。

（二）开展系统性战略布局

在新经济模式下，传统的垂直配套体系、链式管理正在发生变革，基于数字生态的网络化组织模式正在颠覆传统。国有资本在新经济领域的布局需要国家注重系统性布局和产业生态环境的建设。从构建产业生态的角度，以战略性新兴产业领域、新型基础设施为龙头，进行系统布局，带动上中下游企业共同发展。

在实施企业战略管理中，国有资本的布局需要统筹短期利益与长期利益，统筹局部利益与整体利益，统筹企业效益与国家整体利益。在布局中，结合所在产业的特点和企业的经营实际情况，采取多种方式进行布局，如自主研发、联盟、并购、战略合作等，根据不同产业采取区别化的布局方式。

（三）改革考核评价机制并加强风险管控

一是要加强宏观政策引导，制定布局引导目录并进行滚动更新。二是要改革企业经营发展的考核评价机制，对于在新经济领域进行重大布局的企业，在现有的年度、三年任期考核评价机制基础上，强化战略评价，将战略布局的资本强度、固定资产更新程度、期间成本投入、企业财务杠杆、研发支出等指标作为衡量公司中远期发展战略的特征指标。三是加强战略风险管控，对于战略正向偏移较大的布局，加强风险动态管控，加强事前风险分析、事中的风险监测，根据企业的风险承受能力，科学设定目标，合理定位。

“十四五”期间是国家构建新发展格局的关键时期，也是新经济发展

“夯实基础”、承上启下的重要阶段。国有资本加大战略布局力度，必将为新经济的产业安全形成强有力的基础保障，也将为未来产业的发展发挥战略支撑和引领作用，为加快发展现代产业体系，推动经济体系优化升级，贡献国资力量。

“十四五”时期持续深化国有企业改革，支撑构建“双循环”新发展格局*

由新一轮科技革命和产业变革所推动，以新产业、新业态、新商业模式为特征的新经济，是发展现代产业体系，占领未来产业发展先机的“先手棋”。党的十九届五中全会也提出了“加快发展现代产业体系，推动经济体系优化升级”的要求。国有资本目前在新经济领域的影响力较弱，“十四五”期间加大战略布局力度，对于促进国有经济的结构优化和布局调整，推动经济体系优化升级，具有重大意义。《国民经济和社会发展第十四个五年规划和 2035 年远景目标纲要》（以下简称“十四五”规划）提出，围绕服务国家战略，坚持有进有退、有所为有所不为，加快国有经济布局优化、结构调整和战略性重组，增强国有经济竞争力、创新力、控制力、影响力、抗风险能力，做强做优做大国有资本和国有企业。坚持党对国有企业的全面领导，促进加强党的领导和完善公司治理相统一，加快建立权责法定、权责透明、协调运转、有效制衡的公司治理机制。按照完善治理、强化激励、突出主业、提高效率的要求，深化国有企业混合所有制改革，深度转换经营机制，对混合所有制企业探索实行有别于国有独资、全资公司的治理机制和监管制度。“十四五”规划为新时期国资国企改革

---

* 作者王志伟，中国国际工程咨询有限公司战略咨询部副研究员。

发展提供了指导纲领和行动指南，国有企业要站在新发展阶段的历史基点上，坚持系统观念、着眼大局，找准自身定位，进一步优化布局，更好发挥国有经济支柱作用。要贯彻新发展理念，突出重点、精耕细作，以创新驱动发展，加快推动建成以企业为主体、市场为导向、产学研用深度融合的技术创新体系。要支撑构建新发展格局，真抓实干、主动作为，以深化改革提升发展质量，不断提升产业链供应链抗风险能力。

一、“十四五”期间国有企业改革发展面临新机遇新挑战

2020 年 5 月以来，习近平总书记多次强调，加快形成以国内大循环为主体、国内国际双循环相互促进的新发展格局。这是党中央基于国内外形势，统筹国内国外“两个大局”，在危机中育先机、于变局中开新局而做出的重大战略部署。国有企业作为国民经济的“压舱石”，应在构建新发展格局中发挥先锋和支柱作用，这就要求应进一步加快和深化国有企业改革，积极适应新时代要求、有力支撑构建新发展格局、有效应对新风险挑战。当今世界政治经济形势波谲云诡，国内国际形势呈现出前所未有的复杂格局，国有企业改革发展机遇与挑战并存。

（一）国际形势波谲云诡带来更多不确定因素

从国际环境看，近年来贸易保护主义下全球经贸摩擦日益加剧且不断反复，国际贸易格局正在发生深刻变化。一方面，新冠肺炎疫情成为“引爆点”，加速了“逆全球化”趋势，致使世界经济陷入深度衰退。2020 年三季度以来，随着主要经济体陆续出台大规模抗疫刺激政策及疫情缓解后解封重启经济，全球经济形势有所好转，但仍面临疫情在全球持续肆虐的

风险，经济复苏存在不确定性。在新冠肺炎疫情的催化影响下，全球产业链供应链面临深度调整，主要国家基于国家安全角度加速推进产业链供应链向区域化和本土化方向发展，我国供应链安全与全球地位受到极大冲击，部分产业存在“断链”风险。同时，贸易保护主义持续升级。以美国为代表的一些国家保护主义持续升级，贸易和投资限制措施不断增加，限制外商投资、加强高科技管制、鼓励产业链回迁等举措严重破坏了全球化经济秩序，进一步加剧全球贸易紧张局势。另一方面，美国对我全方位打压威胁态势将长期持续。拜登当选美国总统后，将重拾通过多边机制与盟友共同抵制中国的经济和安全政策，继续保持对我国的强硬立场，在多领域与我国展开竞争，特别是在高科技领域，中美竞争将会加剧，美国不会轻易放松对中国科技封锁和出口管制的力度，会继续竭力遏制我国科技发展势头。新时期国有企业发展面临更加严峻复杂的国际形势。

（二）国内经济形式向好趋势不变，高质量发展压力较大

从国内环境看，2020 年，在党中央、国务院的坚强领导下，我国疫情防控取得重大战略成果，经济社会发展取得重大成就，GDP 全年增长 2.3%，总量首次突破百万亿，成为全球唯一实现经济正增长的主要经济体。2021 年是“十四五”规划的开局之年，新一轮对外开放，以及“一带一路”的扎实推进将稳定和激发外部需求，巩固我国在全球产业链、供应链和价值链中的地位。同时，做好“六稳”工作和落实“六保”任务的压力仍然较大，转变经济发展模式、实现高质量发展的目标依然艰巨，一些领域对外依存度高、部分关键核心技术“卡脖子”风险加剧，国家未来发展更需要国内经济提供动能。为了对冲低迷的世界经济形势造成的负面影响，并进一步推动供给侧结构性改革，挖掘内需潜力，激发市场经济微观

主体活力，培育经济内生增长动力，实现经济社会持续健康发展，对此，国有企业肩负了更重的历史责任。

（三）国企改革稳步推进成绩显著，但依然任重道远

从国企自身情况看，党的十八大以来，国资国企系统深化改革蹄疾步稳，在重要领域和关键环节取得重大突破和重要成果，国有经济竞争力、创新力、控制力、影响力、抗风险能力持续增强。

一是政策体系日臻完善。以2015年中共中央、国务院印发的《关于深化国有企业改革的指导意见》为统领、以35个配套文件为支撑的“1+N”政策体系，为系统、全面、有针对性地推动国企改革提供了方向、目标、遵循。2020年6月审议通过的《国企改革三年行动方案（2020—2022年）》更是体现出党中央真抓实干的决心。

二是改革试点专项分类精准推进。以国企功能分类为基础，精准化推进企业改革发展，推动落实“十项改革试点”“双百行动”“区域性综改试验”“科改示范行动”等一系列改革专项工程，协同高效推动改革举措落地，改革成效不断显现，有力促进了各项成熟改革举措在国有企业全面铺开。

三是以混合所有制改革为代表的改革实践经验不断积累。混改成为国企改革的重要突破口，各种所有制资本互补共进、共同发展，进一步增强了国有企业活力、竞争力，实现国有资本保值增值。2013年以来，中央企业累计引入社会资本超过1.5万亿元，混合所有制企业户数占比超过70%。“十三五”期间，国有经济规模及竞争力进一步增强，2019年全国非金融类国有企业营业收入总额62.6万亿元，利润总额3.6万亿元，分别比2012年底增长47.7%和63.6%。2020年，国有企业特别是中央企业在为抗击

新冠肺炎疫情发挥关键作用的同时，进一步发挥了国民经济“稳压器”作用，2020 年全国国有及国有控股企业营业总收入 63.3 万亿元，同比增长 2.1%，较 2020 年前 11 个月提高 1.3 个百分点，为国家经济整体运行回稳向好打下了重要基础。同时也要看到，国有企业体制机制僵化、布局结构不优、经营效率仍待提升等问题仍未彻底解决，国有企业改革的成效和对经济的贡献仍待进一步提升。

二、“十四五”时期国有企业改革发展的新任务新要求

党的十八大以来，习近平总书记关于国有企业改革发展发表了一系列重要论述，给我国国有企业改革发展指明了方向。党的十九大、十九届二中、三中、四中、五中全会和中央经济工作会议，都对国有企业改革发展提出了全方位的新要求。2020 年 6 月 30 日，中央深改委第十四次会议审议通过了《国企改革三年行动方案（2020—2022 年）》，这是面向新发展阶段深化国企改革的纲领性文件。2020 年 11 月 2 日，中央深改委第十六次会议审议通过的《关于新时代推进国有经济布局优化和结构调整的意见》，在更高层面为国企改革发展指明了方向。党的十九届五中全会着眼“十四五”以及更长时期经济社会发展目标任务，对国资国企改革发展做出重大战略部署。2020 年底召开的中央经济工作会议进一步强调要深入实施国企改革三年行动。当前，要深刻认识实施国企改革三年行动的重大意义，努力推动国有企业改革向纵深发展，以改革创新引领国资国企高质量发展，在构建新发展格局中展现新作为，为全面建设社会主义现代化国家做出重要贡献。在“十四五”规划中，明确了新时期国家发展的战略导向，“十四五”时期推动高质量发展，必须立足新发展阶段、贯彻新发展

理念、构建新发展格局。必须坚持深化供给侧结构性改革，以创新驱动、高质量供给引领和创造新需求，提升供给体系的韧性和对国内需求的适配性。必须强化国内大循环的主导作用，以国际循环提升国内大循环效率和水平，实现国内国际双循环互促共进。

国有企业要坚定不移地贯彻落实党中央、国务院关于国企改革的各项要求，明确“十四五”时期国有企业改革发展的新任务新要求，从“三新一高”出发，重点是要有力支撑构建“双循环”新发展格局。对内，要发挥国有企业在推动经济社会发展和保障改善民生方面的基础支撑作用，通过深化自身改革来推动供给侧结构性改革，提高国内经济供给质量，提高国内经济大循环总量。通过补短板、锻长板，不断挖掘潜国内市场潜能，完善提升供应链、产业链、价值链、创新链水平，促进我国经济从高速增长转向高质量发展。对外，要聚焦培育具有全球竞争力的世界一流企业发展目标，通过改革建立现代企业制度，提高管理与经营效率，提高全要素生产率，增强国有企业的全球资源整合能力和供应链管控能力，提升市场价值、国际地位与话语权，借全球产业链格局重构之机，打造以中国为核心的国际生产供应体系，构建“以我为主”的区域化合作新“链条”，打通国际经济循环堵点、修补断点、填补空白点，让国外产业更加依赖我国供应链和产业链，更加依赖我国的巨大消费市场。

三、“十四五”时期国有企业要有新作为新发展

2020 年 7 月 21 日习近平总书记在企业家座谈会上的讲话中强调：“以国内大循环为主体，绝不是关起门来封闭运行，而是通过发挥内需潜力，使国内市场和国际市场更好联通，更好利用国际国内两个市场、两种资

源，实现更加强劲可持续的发展。”要提升产业链供应链现代化水平，大力推动科技创新，加快关键核心技术攻关，打造未来发展新优势。国有企业是国民经济的支柱，必须紧跟国内外形势变化，围绕落实党中央战略部署，在改革上加快步伐，加快培育具有全球竞争力的世界一流企业，确保在构建新发展格局中发挥更大作用，不断增强国有经济竞争力、创新力、控制力、影响力、抗风险能力。具体来讲，就是要做到“五个着力”。

（一）以服务国家重大战略为要务，着力做好国有经济布局优化与结构调整

党的十八大以来，国有资本不断向关系国民经济命脉和国家安全、国计民生、科技创新、战略性新兴产业等领域集中，目前主业处于石油石化、电力、通信、军工、机械、建筑等行业的企业资产总额占中央企业的比重超过 90%。国有经济布局优化与结构调整虽然取得了一定的成绩，但依然存在不少问题。例如，国有经济服务国家重大战略的力度不够，行业分布依然过宽，业务重叠和重复投资问题仍旧存在，战略新兴领域布局严重不足，等等。“十四五”时期，国有企业改革要推动国有经济进一步向提供公共服务、重要前瞻性战略性产业、生态环境保护、科技创新、保障国家安全等关系国家安全、国民经济命脉和国计民生的重要行业和关键领域集中，更好地服务创新型国家建设、制造强国、区域协调发展、“一带一路”等国家重大战略。同时，国有企业要适应国家发展战略、科技进步和产业变革，及时动态调整国有资本布局方向，更加聚焦实体经济，做强做精主业。

（二）以供给侧结构性改革为主线，着力打造高质量供给体系

以供给侧结构性改革为主线，推动经济高质量发展，既是抓好当前和

未来一个时期我国经济工作、建设现代化经济体系的基本策略，也是推动国有企业改革，实现国资国企高质量发展，打造世界一流企业的必由之路。“十四五”规划提出，深化供给侧结构性改革，提高供给适应引领创造新需求能力。深化供给侧结构性改革，是提升供给体系适配性，畅通国内大循环的关键，也是国有企业改革发展的基点。国有企业改革要与供给侧结构性改革相适应，以更加市场化的手段，巩固“三去一降一补”成果。要发挥国有企业在基础设施建设中的主力军作用，全面提升铁路、公路、水运、航空、管道、电网、信息、物流等基础设施互联互通水平，打造高质量基础设施供给体系。要进一步强化关键核心技术攻关和自主可控，补齐在产业链供应链中的缺失与薄弱环节，推动国有企业向高端化、自主化迈进，更好维护产业链供应链安全，加快建立以中国制造、中国创造为核心的产业链供应链体系。同时，以畅通国际大循环为目标，以“一带一路”倡议为纽带，积极谋划、主动布局，在沿线国家加快布局“以我为主”的区域产业链供应链体系。要调整产业布局方向，加快发展新一代信息技术、生物医药、新能源、新材料等战略性新兴产业和高新技术产业，培育和发展新的产业集群。要加强全面质量管理，提升竞争质量，提高劳动生产率，发扬工匠精神，推动品牌中国建设，打造更多享誉世界的一流中国品牌，激发和释放国内外需求。

（三）以科技创新为核心驱动力，着力补短板强弱项

国有企业是创新链条中的关键环节，要以创新创造新供给催生新需求，推动提升内循环动力与活力。“十三五”以来，国有企业尤其是中央企业的自主创新能力不断增强，载人航天、“中国天眼”、北斗导航等重大工程建设取得举世瞩目的成就，一些核心产品和技术已达到国际领先水

平。然而，与世界一流企业相比，我国国有企业创新活力和能力依然相对较弱，研发投入强度过低、部分领域短板缺项与“卡脖子”问题突出、科技成果转化率低等问题仍未得到彻底解决。新时代落实创新驱动发展战略，必须进一步激发国有企业创新活力与能力，更好地发挥国有企业在创新中的龙头作用。“十四五”时期，国有企业要将科技创新作为首要任务，发挥国有企业尤其是中央企业的主力军作用，重点向战略性、前沿性、创新性产业方向布局发展，不断加强创新投入、培育创新能力、激发创新活力、汇聚创新力量、营造创新氛围。通过投资重大科研平台、参与重大技术攻关、推动科技创新，推动突破原始创新“0—1”的跨越，加速技术转化“1—100”的迭代升级、推动产业化进程“100—100 万”的规模化发展。

（四）以打造世界一流企业为目标，着力完善国有企业治理

培育具有全球竞争力的世界一流企业是新时代中国社会主义市场经济发展的内在要求，是我国经济走向高质量发展阶段中后期的重要标志，也是我国国有企业适应新时代、引领新时代的战略目标。要用好混合所有制改革这一重要抓手，深入推进国有企业改革，建立现代企业治理体制，完善现代企业经营机制，以高质量的体制机制改革促进创新能力提升。一方面，完善现代企业治理体制。通过混改，构建权责对等、运转协调、制衡有效的公司法人治理结构，组建多元化、专业化的董事会，推动企业的所有者、经营者、监督者透过股东会、董事会、经理层、监事会等治理机构来有效履职行权，同时也让引入的战略投资者能够真正参与企业经营决策，有效发挥作用。另一方面，完善现代企业经营机制。围绕建立市场化经营机制，充分发挥非国有资本的“鲇鱼效应”，理顺试点企业与国资股

东的关系，理顺企业内部的决策机构与执行机构的关系，形成以产权管理为纽带、以公司章程为中心的治理环境，落实企业的法人财产权和经营自主权。通过建立市场化选人用人、劳动用工等制度，让企业能够紧跟市场需求变化灵活高效运转，成为有活力、有竞争力的微观主体。

（五）以激发内生动力与活力为关键举措，着力优化激励约束机制

建立与社会主义市场经济原则相适应的激励约束机制，充分激发人的积极性和创造力，对增强国有企业创新内生动力活力、推动企业高质量发展具有重要意义。国有企业要进一步深化改革，完善企业治理结构，解决所有者与经营者的利益冲突问题，建立与公司制企业相适应的薪酬激励机制，使国有企业充分适应市场竞争的客观要求。在做好三项制度改革的基础上，国有企业要用活用好员工持股、超额利润分享、股权激励等多元化激励手段，更大程度上激发人的活力与动力。要完善人才培育与激励机制，创新人才“引、用、育、留”工作机制，以取得创新成果为导向，建立适应未来国际化竞争的人才发展体制，大力引进和培育高端人才，推动创新型团队体系建设。此外，要建立创新容错机制，宽容失败，鼓励创新。破除国有企业普遍存在的“求稳怕错”“不求有功但求无过”“多干多错、少干少错、不干不错”等消极心态。通过容错机制支持和保护敢于改革创新的企业家，让其轻装上阵、积极作为，激发企业家改革创新思维，释放国有企业发展活力。